給覺得不夠好而討厭自己的你

Stephan Konrad Niederwieser
史蒂芬・康拉德・尼德維塞爾——著
莊仲黎——譯

擺脫羞愧，卸下防衛，
停止自我懲罰的82個練習

Nie mehr schämen

Wie wir uns von lähmenden
Gefühlen befreien

「我們無法選擇外在的環境，但能選擇如何對此回應。」

——古羅馬時期希臘斯多噶學派哲學家 愛比克泰德
（Epictetus Epiktet, ca. 50-138 A.D.）

「當我們突然覺得自己很丟臉時，便會很強烈地感到『所有的人都在注意我！』接下來，我們會因為情緒激動而無法回神，同時感覺有隻巨眼正從四面八方盯著我們瞧，並看穿我們，因此，我們也無法再察知一切。」

——德國存在主義哲學家 尼采（Friedrich Nietzsche, 1844-1900）

「當我們有過讓自己相當難堪的負面言行，而讓別人覺得我們已不像孩童般純潔無邪時，我們會認為，這證明我們根本是個很糟糕、不值得別人關愛的人。我們的創傷和羞愧便以這種方式交融在一起。」

——美國心理學家 法蘭西斯・威勒（Francis Weller），
《悲傷的混亂邊緣》（The Wild Edge of Sorrow, 2015）

相關責任之聲明

本書對自我探索及其相關資訊與建議的倡導，應可幫助讀者意識到自己的羞愧，並對於如何脫離自我羞愧的策略有所認識。不過，這些策略卻不該用來代替心理治療師或諮商師的治療與照護。發行本書的出版社和身為作者的我，均以最正直的良知，以及本身所掌握的、豐富而正確的知識，向讀者保證，本書所提供的資料均來自實際的案例，而且具有參考的時效性。但我仍要在此鄭重聲明，我們對讀者運用這些資料所產生的結果，不負有任何責任。

案例

為了生動地呈現羞慚的各個面向，我在本書裡援用了我從事心理治療工作中所接觸到的一些個案。雖然我只以短短的篇幅敘述個案的治療過程，但這並不表示，這些案主已在短時間內順利讓自己擺脫所有的羞愧。此外，這些個案也不適宜用於心理疾患的診斷，畢竟每一種「症狀」都建立在患者截然不同的羞慚課題上。

練習

我在本書中，給予讀者許多指導。有些指導有助於讀者探究他們的羞愧，而有些指導則有助於讀者擺脫他們的羞愧。為了便於說明，我將它們統稱為「練習」。如果你希望這些練習產生效果，並不需要盡量密集地反覆練習。你只需要在練習時，讓自己處於覺知狀態，並仔細察覺，自己的身體對該練習出現什麼反應即可。如此一來，你便可以從這些練習裡，獲得最大的助益。

稱呼

「男人」（Mann）和「女人」（Frau）這兩個詞語在德語裡，分別具有陽性和陰性的名詞屬性，至於「孩子」（Kind）在詞性上則屬於中性，彷彿他們已被物化為中性的物品了。對那些覺得自己既不是男性也不是女性的跨性別者來說，德語至今尚未發展出適合他們的名詞屬性，而德語書寫者現今頂多只在行文中，以小星號作為他們的代名詞。我個人覺得，在內容中標示這種符號，既不適合閱讀，而且讀起來也不舒服，所以在本書中，我並沒有以小星號標示。我使用的第二人稱代名詞「你」和第三人稱代名詞「他」，其實無關被指涉者的身體特徵、性別或性別認同。我在這裡特別強調這一點，純粹是基於我內心對跨性別者的尊重。

目錄

推薦序　與羞愧對話　王意中　011
推薦序　找出仇視與憤怒，背後隱藏的真相　瑪那熊　014
導　論　我想把糟糕的自己藏起來　017
有毒的羞愧，禁忌的話題　018
羞愧有害身心健康　020
羞愧日記這樣寫　024
羞愧，不只是羞愧　027
第一章　被羞愧淹沒的內在小孩　029
害羞的練習　030
自我抑制的情緒　032

嬰幼兒的分離焦慮症 038
雖然很丟臉，但沒關係 041

第二章 當你深陷羞愧的情緒黑洞 047

從生物心理學看羞愧如何運作 048
當「羞愧」變成習慣 053
羞愧者的五大認知模式 056
你如何看待自己 067
被羞愧綁架的七大原因 076
是受害者，但也可能成為加害者 085
情緒的控制與調節 103
示弱，是求生的法則 110
慣性羞愧是惡性循環 117
心理不舒服，身體也受苦 123
總是覺得「我不配」 128
及時羞愧 v.s. 慣性羞愧 138

第三章 探索與羞愧近似的七類情緒 141
一、內疚 142
二、焦慮 146
三、憤怒 150
四、害羞和尷尬 159
五、噁心和厭惡 160
六、孤單寂寞 161
七、內在的自我批判 162

第四章 逃避羞愧、自我保護的生存之道 165
一、處於攻擊的自我防備狀態 168
二、羞辱別人 169
三、覺得憂鬱 169
四、控制別人 170
五、不斷道歉或從不道歉 172

六、色情化和性慾化 173
七、表面順從，內心卻忿忿不平 174
八、智識化 175
九、緊抓不放 176
十、給自己壓力 177
十一、完美主義 179
十二、追求名利聲望 180
十三、進行抗爭 181
十四、失去自我 182
十五、靈性逃避 183
十六、覺得驕傲，感到自豪 185
十七、使自己堅毅卓越 186
十八、讓自己變成隱形人 187
十九、屈服 189
二十、寬恕 189
二十一、逃避 190

第五章 伴侶關係裡的羞愧，讓彼此漸行漸遠 195
親密關係裡的不親密行為 196
伴侶間的性行為和羞愧 216
性別動力學 219
第六章 擺脫羞愧的心理練習 225
找回從前的自己 226
一些實用的心理練習 239
結論 幫助你和他人，找到不再羞愧的自己 343
培養羞愧復原力的六大祕訣 344
請保護你的孩子（對伴侶也適用） 349
謝辭 354
心理練習總整理 356
參考書目 363

推薦序

與羞愧對話

王意中
王意中心理治療所所長、臨床心理師

「羞愧」這兩個字，總讓人視而不見，不想和它沾上邊。我們始終不願承認，那深藏在內心裡，不甚舒服、令人難堪的負面感覺。

但羞愧總是陰魂不散，常不請自來。即使遇上了，也只是默默承受，任由它對自己無盡地折騰。多數人未嘗想過，原來，羞愧也可以擺脫。

羞愧總是充滿了破壞力、殺傷力，讓自己不願意面對與提起。但鴕鳥般的消極心態，卻無法讓羞愧自動消失。甚至於，讓羞愧以各種樣貌躲藏、滋生在我們的內心裡，搗蛋、作祟、摧毀自己的內外在關係。

我們亟欲把羞愧拋開，不願它附身而來。然而對於「羞愧」的不了解，這份關係，剪不斷理還亂，只會越想甩，越甩不開。最後，纏繞著你的思緒，讓你的生活與工作動彈不得，人生陷入泥淖裡，窒息難耐。

當翻開《給覺得不夠好而討厭自己的你》這本書，也將為你帶來一場與羞愧好好對話的機會。如同處在羞愧的洞穴中，展露出一道曙光，喚醒改變的契機。

書中在在提醒著我們，長期以來，自己是如何有意或無意的，疏於看待羞愧這件事。透過閱讀，讓我們更加清楚了解羞愧的全貌與立體性，以及羞愧是如何隱藏、偽裝在各種不同形式下。

作者鉅細靡遺的分析，我們的認知思考與羞愧感之間的關聯性，讓我們敏感覺察，自己的所思所想、言行舉止是如何受到羞愧的牽制運作，同時也因此強化、壯大了自己的羞愧感。

讓人眼睛一亮的是，在閱讀本書時，卻也點醒了我們一件事：合理地看待羞愧，如同合理地善待自己，以找出自己與自己，自己與周遭他人之間的關係。

當覺察了自己的羞愧情緒，調整與修正了羞愧想法，了解羞愧所帶來的作用以及反作用力，能讓羞愧逐漸被鬆動、瓦解、逆轉、產生質變，並從中萃取出對自己有利的正面力量。

書中，最是吸引與可貴的部分，在於詳列了許多練習題，讓我們有機會具體地、有所遵循地，能夠一步一步地拆解自己長期以來不願面對的羞愧真相。將之重新排列組合，再次定位屬於自己的羞愧意涵，而不再陷於茫然的雲霧中，不知所以。

在每道練習題的字裡行間，你可以細細思索，考量切身的狀態，並充分予以執行、微調、修正。

讓自己透過本書，一次又一次啟動執行力，甩開羞愧所帶來的負面作用，與羞愧保持絕佳的安全距離。人生將因閱讀而脫胎換骨。

推薦序

找出仇視與憤怒，背後隱藏的真相

瑪那熊
諮商心理師、親密關係講師

我的主要工作之一，是協助單身者成功脫離單身，進入並維繫幸福的愛情關係，因此常在網路觀察網友們的戀愛困擾，並分享我的看法。

多年下來，我發現一個有趣的趨勢，那就是網路上仇視女性的言論似乎在增加，或者說，對於女性的謾罵批評文字越來越常見。現實生活中倒是很少，畢竟一般人仍受過社會化訓練，不太可能在群體聚會時，直接跳出來攻擊特定族群。但在匿名的網路論壇，這些尖酸惡意的字句卻逐漸氾濫。

網路的「仇女」言論，通常會稱呼女性「台女」、「老阿姨」，並一概而論（俗稱地圖砲）認為台灣女生「眼光很高」、「只想著從男人身上撈取好康」、「公主病」、「只想得到好處卻不願意付出」。這群散布仇女言論的男生，通常被稱為「母豬教」、「黑藥丸」，其文字也常引起正反兩派的論戰。

起初我有些困惑，為何這些人不斷用猛烈砲火批評女性，陸續透過演講、諮商與諮詢，接觸到形形色色的單身者後，碰巧也遇過幾位會在網路寫仇女言論的男性。在較為深入的互動與認識後，發現這種攻擊言論背後的動力，正是來自本書的核心議題：「羞愧」。

這些男性並非一事無成的魯蛇，相反地，很高比例擁有不錯的學歷、工作與收入，卻在情場上屢戰屢敗、不斷被女生拒絕、發「好人卡」。這對他們來說，是很大的挫折與受傷，並產生對自我的懷疑。於是，在面對「我不好」的羞愧感時，這群受傷男人如同本書所述，會不自覺運用「怨恨」來克服羞愧、療癒自己。書中引用美國黑人文學家詹姆斯・鮑德溫的句子：「他們發覺，一旦這些怨恨消失，就必須面對和處理自己所承受的痛苦。這是他們內心為何固守著怨恨的原因之一。」實在很貼切。

「由愛生恨」不只出現在這群仇女者身上，也悄然找上我們多數人。本書作者精闢地提出，一個感到羞愧（卻想得到回應）的孩子習慣進入抗議—生氣—發怒—怨恨的歷程，我想這不只是孩子們的模式，對成年人也同樣適用。然而，因羞愧而起的憤怒怨恨、謾罵他人，卻會讓關係更難建立，甚至容易被當成「怪人」、刻意保持距離，這又讓我們更加羞愧、怨恨，以更偏激的語言及行動來攻擊對方，形成惡性循環。

本書深入探討及分析羞愧感的來源、起因與反應行為，很值得一讀。因為羞愧情緒很容易被忽略，一來它不像憤怒那樣大鳴大放，也不像憂鬱、悲傷容易吸引別人的關心照顧，二來羞愧是更為深層、隱微與複雜的情緒。然而，它對我們的影響卻是巨大且明顯的。作者在解析羞愧的同時，更設計了高達八十二項的有趣活動，不只幫你覺察羞愧，更透過自助練習來擺脫羞愧，整合身心，擁有更平穩的情緒與生活！

導論

我想把糟糕的自己藏起來

有毒的羞愧，禁忌的話題

你當然知道，什麼是羞愧[1]。這種感覺可能起因於你不喜歡身體的某個部位，或你深信，自己總是不符合某種標準。你可能會隱瞞你的家庭背景和出身的社會階層，或對性行為感到羞怯。

以上都是羞愧的顯著症狀，但它們不過是冰山的一角。羞愧還會進一步讓你錯過職場的發展機會，讓你表現不佳或一無所成，讓你和伴侶之間衝突不斷，並讓你滯留在有害的關係裡。羞愧阻礙了真正的親密關係、自我的表達，並使我們無法感受到生活的樂趣和期待。此外，我們也會因為羞愧的感覺而出現身體疾患、人格障礙、成癮、自殘行為，以及早逝。

每個人生來都帶有羞愧之心，只不過我們很少提到它罷了。我們不僅在校園裡不會談論羞愧，就連在夜間電視的談話性節目裡，也很少碰觸這個話題。出版市場在進入二十一世紀後，探討「焦慮」的書籍已比探討「羞愧」的書籍多出十幾倍。

我們以Google搜尋「羞愧」（Scham）這個關鍵字，雖然會出現三百萬筆資料，但「憤怒」（Wut）在Google資料庫裡卻有兩千兩百萬筆，而「愛」（Liebe）甚至高達三億筆（依據二〇一八年八月一日的網路資料）。心理治療的歷史至今已超過一百年，但歐美第一個以羞愧為主題的學術研討會卻遲至一九八四年才召開。這場研討會距今已三十餘年，而令人遺憾的是，在學校的教學計畫，以及精神科醫師和心理學家的培訓計畫裡，對於羞愧的探討依舊付之闕如。

以上的數據資料可能會讓大家覺得，「羞愧」並不是什麼重要的議題。若真如此，近年來致力於羞愧研究的美國社會學家布芮妮．布朗（Brené Brown）為什麼會在二〇一二年的TED Talk演講裡，談到她所得出的研究結論：「羞愧跟成癮、憂鬱、暴力、攻擊性、聚眾滋事、自殺及飲食失調都有關聯性」？

---

1 根據德國最權威的Duden德語辭典，Scham（羞愧）這個概念乃源自中世紀德文的scham、schame或scheme，以及更早的古代德文的scama，這些古德文詞彙都有「羞辱」（Beschämung）和「恥辱」（Schande）的涵義。至於shame（羞愧）這個英文字在語言學可以追溯到原始印歐語言裡的shem和skem，這兩個字後來分別演變為現代英文的skin（皮膚）和sky（天空）。所以，「羞愧」包含了以上的涵義：「羞愧」就和「恥辱」一樣令人痛苦，但同時又像「皮膚」那般保護著人體，也像寬廣的「天空」那般保護著我們的世界。

任教於印第安納大學和北卡羅萊納大學的精神醫學教授史蒂芬．伯格斯（Stephen Porges）深信，「羞愧支配著我們的生活方式，它在生理層面所引發的反應，幾乎足以威脅到我們的生命……當我們感到羞愧時，便無法依照自身的意志來行動。」

當代美國哲學家暨心理學家約翰．布拉索（John Bradshaw）則認為，羞愧是一種中毒的存在狀態：「我們對羞愧的認同不僅帶有毒性，而且也是以不人道的方式在對待自己……（羞愧）實在令人難以忍受，因此，我們必須把它隱藏起來……一旦我們接受這種錯誤的、認同羞愧的自我，便等於終止了自己在心理層面的存在。」

以上的看法已清楚地顯示，羞愧在一些學者和臨床心理學家的眼裡，具有高度重要性。因此，當羞愧仍舊被認為是某些心理問題和疾病伴隨產生的現象，而非它們的起因時，就更令人驚訝了！

羞愧有害身心健康

如果我們長期感到羞愧，那麼，我們不只會失去生活的樂趣和生命的活力，我們的神經、免疫和內分泌系統也會因而失調。此外，一些依據人體機能顯示圖的研究已證明，羞愧會抑制腦部特定區塊的活動，從而降低思考能力。有些人甚至因此導致思考機制徹底癱瘓，並喪失說話能力。我們只要簡單推想便可以知道，自卑、愧疚這樣的情緒會讓尚在就學的學生往哪個方向發展，並對成年人造成極大的阻礙！當然，羞愧對人類的負面影響還有下列這些層面：

- 羞愧會讓我們固著在自己未處理的過往經驗上，進而阻礙自己在心智、情緒和心靈方面的成長；
- 羞愧會剝奪我們的認同；
- 我們會利用別人的羞愧來操控對方，藉以支持我們的想法和經濟利益。
- 我們會利用別人的羞愧來剝削他人、煽動戰爭，或甚至毀滅整個民族。

羞愧感也會大大地阻礙自己與別人的關係。如果我們認為自己不值得被愛，便無法感受到自己與別人的連結，因為，當我們讓別人在身體和情感上親近自己時，便開始擔憂自己不值得被愛的那一面會被「揭穿」，因而難以擁有歸屬感。

羞愧感在伴侶和家庭關係裡，還會發展成具有毀滅性的力量。加州大學洛杉磯分校精神醫學暨生物行為學教授亞倫・蕭爾（Allen N. Schore）曾指出：「（羞愧）在每種情緒表達的調整裡，在每個與別人的互動裡，都深具關鍵性。」

我深信，人類為了讓意識做出決定而揚棄羞愧的自動化機制，算是人類最重要的生存課題之一。

當我把羞愧當作名詞使用時，大家或許會認為：羞愧是種確定的東西，具有確切的範圍，以及清楚而精準的定義。不過，其實羞愧的表現具有高度的歧異性，從受到驚嚇和一時衝動、難為情的臉紅、膽小退縮、自我傷害到自殺都有。尤其值得注意的是，羞愧很少單獨出現，因為其他的情緒通常會伴隨出現，例如焦慮和憤怒。

你可能認為，一點點羞愧其實無傷大雅。或者，你甚至希望某些銀行家、政客或暴徒應該要有羞恥心，這麼一來，或許他們就不敢為非作歹。但實際上，羞愧不僅不會遏制，甚至還會挑起人們的犯罪行為，美國許多大規模的屠殺案件就是活生生的相關例子。

以上的論述可能會引發你重新思考某些和我們社會有關的重大議題，比方說，教育、族群融合、媒體運用以及人口老化的問題。你大概已洞察到，政治、醫療、廣告、司法或甚至心理治療，如何維持及操控我們羞愧感的運作，由此可見，羞愧背後的價值觀不只決定我們對自己的看法，還主導著群體和社會裡的級別位階順序：有些人隸屬於某個特定的階級，但卻有許多人不（被允許）隸屬於該階級。總之，羞愧感所賴以運作的那套價值觀，只會讓少數人比大多數人擁有更強大的權力。

我在本書裡想指出：

- 羞愧其實是種很棒的情緒，
- 雖然羞愧會出現相當危險的發展，但是，
- 羞愧卻也蘊藏著許多未知的潛能。

我希望你在讀完本書後，可以看到隱藏在自己那張面具後面的羞愧，並認識真正的自己。

羞愧日記這樣寫

羞愧是一種危險的情緒，雖然我們經常感到羞愧，但卻很難察覺它的存在。因此我建議你，應該及時把自己所感受到的羞愧記錄下來。用文字描述自己的害羞、自卑、內疚，正是意識羞愧的一個重要步驟。

請在羞愧日記裡，寫下讓你覺得難以啟齒的事情、你自我探索的結果，以及你在體驗這些感受時所產生的改變，並為這本日記加上「我透過這種方式擺脫自卑與羞愧」或「自我解放的日記」這類的標題。

我的羞愧課題（第一部分）

為了讓你可以掌握自己在克服羞愧上的進度，請你在還未進入本書的主要內容前先回想一下，自己曾對哪些事情或問題覺得丟臉或自卑。這個練習只需要花你幾分鐘的時間。

1 拿出你的羞愧日記，並在第一頁寫下「會令我感到羞愧的所有事情」這個標題。

2 請閱讀以下四個問題，並在日記裡逐一寫下你的答案：

- 什麼事情會讓你感到不舒服？
- 有什麼事會讓你覺得不滿意？
- 你還有哪些期待和夢想？
- 你會拒絕什麼？還會討厭、憎恨什麼？

3 如果你不知該如何回答以上的問題，請在日記裡寫下別人（例如鄰居、同事或兄弟姊妹）有哪些讓自己羨慕之處。因為，我們的羨慕或嫉妒正好可以顯示出我們對自身、或對自己的生活有哪些不滿意的地方。

4 最後，請在每個回答的後面用阿拉伯數字寫下你的評分，1代表自己只有「一點點」的負面感受，10則代表自己有「非常強烈」的負面感受。藉由這種評分方式，你便可以明確掌握自己受到某些事物束縛的程度。以下的三個例子可以當作作答的參考：

- 我太胖了……………………………………………4
- 我的薪水比和我相同職等的女同事要少…………8
- 我說話時會結巴…………………………………6

常見的羞愧課題

許多人常會因為下列這些事而感到丟臉：

- 身體、體能和健康
- 家庭背景與出身的社會階層
- 當前的社經狀況
- 天賦、能力和職權
- 家庭關係和人際關係
- 性別與性徵
- 各種感覺

・職業與成就

・自我圖像

當你看完以上的問題後，請你從頭再全部重新檢閱一次，並仔細觀察，自己的內心出現什麼反應。你會問自己，「真的一切都沒問題嗎？」「難道我真的把自己的人生搞砸了？」或者你會自暴自棄，「唉呀，我真是沒用！」請在日記裡，寫下你的感受、情緒或自我批判。

羞愧，不只是羞愧

羞愧在心理學文獻中，常被分為「好的羞愧」和「壞的羞愧」，或更確切地說，是「正常的羞愧」和「有毒的羞愧」。好的羞愧可以保護我們的私領域，讓我們受到正向的激勵，或防範我們從事暴力犯罪。不過，當這種正向的羞愧過於強烈時，我們所體驗到的羞愧就會具有毒性或變得不正常，而被視為「壞的羞愧」。

不過我也發現，我將羞愧分為好或壞所依據的標準，其實對人們並沒有任何幫助。

此外，我也對「正常的羞愧」和「有毒的羞愧」這兩個概念的使用，抱持謹慎的態度，因為，它們都有可能造成各種不同的誤解。羞愧雖然是種保護機制，然而，所有為羞愧反應所苦的人都可以改變自己的想法，反過來以同等的強度影響自身的羞愧機制，從而讓自己得以重新出發。這些羞愧者很可能在人生的某個時間點，因為想要保護自己免於每況愈下，而從此落入羞愧感中而無法解脫。我從未把羞愧視為負面的、病態的或帶有毒性的情緒，頂多只會認為有些羞愧感已持續過久，而無助於個人當前的情況。

有鑑於羞愧存續的時間長短不一，因此我還把羞愧區分為下面兩種類型，並在接下來的兩個章節中分別討論。

- 及時羞愧：每個人都會突然出現羞愧的情緒，這是為了讓我們的身體能得知當下的情況，只要我們做出適當的回應，它就會自動消失。
- 慣性羞愧：長期折磨我們的羞愧情緒，不僅無助於我們當前的情況，還會影響我們對於當下的體驗及感覺。它使我們的日常經驗蒙上一層灰暗的色調，並支配我們對自身以及人際關係的察覺方式。

第一章

被羞愧淹沒的內在小孩

害羞的練習

以下這個自我探索的練習，是我在本書所提出的第一個練習。掌握這個練習，有助於你對後續許多練習的了解。

我知道，要你一邊閱讀我對這個心理練習的敘述，還要一邊依照其中的指示逐一完成每個步驟，並不是件容易的事。所以，我已把這個練習拍成視頻，請上網進入我的網站www.stephan-niederwieser.de，點選首頁上方藍色色塊裡的「自主性」（Autonomie），進入後再點選第一個「羞愧練習」（Scham-Übungen）。我在該網頁下方一共放了四段視頻，這是我親自為本書讀者示範的四個練習，其中第一段視頻就是下面這項關於羞愧情緒的練習。

練習 ❶ 羞愧發揮作用的方式

1 請挺身站好，深呼吸，然後閉上眼睛，讓自己有片刻時間留意自己的內心，同時請保持專注，準備感覺身體稍後將出現的變化。

2 請你想像，自己現在並不在家裡，而是站在市集廣場的正中央，同時還全身赤裸著。

3 請問，你會產生哪些感受？

- 你的生殖器部位發生了什麼變化？
- 你的頸部和肩部有什麼感覺？
- 當你將注意力集中在呼吸時，你發現自己是正和緩地一呼一吸，還是腹部前側肌肉緊繃著？
- 你下腹部的感覺如何？是堅實或柔軟？
- 你覺得雙腳踩踏在地板上的感覺如何？
- 你察覺到自身的能量處於何種狀態？是強勁有力，還是虛弱無力？
- 你現在比較泰然自若，或比較焦躁不安？

4 你只需要感受自己身上所發生的這一切，並不需要去改變它們。

5 請再給自己片刻時間，讓自己繼續維持這種狀態，直到你已將身體從頭到腳再度掃描一遍，並注意身上所發生的一切。接下來，請你再次深呼吸，然後睜開眼睛並環顧房間的四周。

最後，請你坐下來，並在羞愧日記裡寫下你在這項練習中所獲得的感受與經驗。

自我抑制的情緒

以演化論聞名後世的英國生物學家達爾文也曾經研究過羞愧。他在一八七二年發表的《人類與動物的情緒表達》（The Expression of the Emotions in Man and Animals）這本論著裡曾寫到，即使在地球最偏遠的角落，他也觀察到人們的羞愧情緒，而且還進一步指出，所有的人類都有類似的羞愧反應。

有鑑於研究人員已在嬰兒身上觀察到他們的羞愧情緒，因此我們可以主張：羞愧是人類與生俱來的情緒。此外，演化程度較高的動物也會出現明顯的羞愧跡象，家有養貓狗寵物的飼主都可以證實這一點。

從「疾病」概念的普遍意義來說，覺得丟臉、難為情、愧疚，既非不正常或不自然的情緒反應，也不是經由後天的學習或訓練而產生的情緒。那麼，我們為什麼早在生命初期就需要羞愧的情緒呢？

當我談到情緒時，我指的是你身上那些比思考更為快速的自動反應。舉例來說：當你聽到「砰」的一聲時，會不禁嚇一跳，或許你還會不自覺地聳起肩膀、緊閉眼睛，並用雙手護住頭部，而這些反射動作早在你的大腦理解那聲巨響所傳來的聽覺訊息之前便已經發生。此時你的神經系統會自行命令肢體產生反射動作，而無須透過大腦發出指令。

以下全部是羞愧情緒的表現方式：你會垂頭喪氣，迴避他人的目光，避免與他人接觸，而且覺得全身無力。你會陷入衰頹消沉的狀態，並隨著負面情緒的強弱，出現輕微的退縮，甚或完全喪失行動能力。

不過，所有的情緒都有助於提高人類先祖的存活機會，例如：

- **焦慮**：有助於人類在到處充滿凶禽猛獸的荒野裡潛伏捕獵動物時，能提高警覺。
- **憤怒**：有助於人類擊退侵略者。
- **厭惡**：可以讓人類避免吃下腐壞的食物。因為，人類只要一吃到腐敗變質的東西，就會覺得噁心，而立刻吐出來。

然而，在人類和動、植物的關係裡，羞愧情緒卻毫無作用可言。人類在面對「毒蠅傘」這種毒蕈菇或飢餓的老虎時，羞愧根本派不上用場，這是因為，羞愧反應僅僅在自己與別人的關係脈絡裡才具有意義。因此演化生物學家普遍認為，人類這個物種直到他們開始在較大型的社群裡過群體生活時，才發展出羞愧情緒。

為什麼人類需要羞愧情緒？人類自遠古以來，必須統合兩股完全相反的力量：一方面，人類必須確保肉體的存活，為了獵捕動物並抵禦攻擊，人類需要擁有殺氣騰騰的侵略性。但另一方面，人類在年幼時，特別需要歸屬感，需要受到關愛，好讓自己可以獲得情感的滋養，最終成長為身心健全的成年人，而與其他的社群成員共同完成被交付的任務。

具攻擊性卻不具同理心的人，在社群中可能會被孤立，具同理心卻不具攻擊性的人，可能因為缺乏生存能力，而活活餓死。只有認識到群體比自身利益更重要，同情比攻擊更有益於家庭的迅速擴展，而且別人的健康對自己的存活也至為緊要，人類才能存活下來。如果人類無法為本身的自大和攻擊性自動踩煞車，可能早已滅亡了。羞愧（還有焦慮）一方面可以制止人類所有攻擊的衝動，另一方面也會抑制人類的自我表達以及活躍的生命力。

羞愧情緒會受到自律神經系統的控制。這個神經系統之所以被冠上「自律」，正是因為人體維繫生命的主要功能——例如呼吸、血壓、心跳和消化——都是自主發生的，並不需要大腦有意識地下達指令。精神醫學專家伯格斯四十年來，致力於研究哺乳動物和人類的自律神經系統，並發展出所謂的「多層迷走神經理論」（Polyvagal-Theorie）。[2] 依據該理論，人類的自律神經系統係由以下三個部分所組成：

- 腹部（社交的）迷走神經
- 交感神經
- 背部（原始的）迷走神經

如果我們和別人的接觸讓自己感到可靠、放鬆和舒服，這其實是我們的腹部迷走神經

2 譯註：伯格斯根據達爾文的演化論，以及他的研究團隊長期投入自律神經與社會行為研究所獲得的成果，於一九九四年提出「多層迷走神經理論」。伯格斯主張，人體在正常情況下，會依據本身對外在環境的感覺，決定使用哪一層迷走神經，進而與外在環境進行微妙的互動，並對其安全性做出判斷。由此可見，人類的自律神經也和自身的社會關係以及相應的情緒調節密切相關。目前，這個理論已普遍應用於自閉症兒童社會行為的改善，以及創傷後壓力症候群和慢性疼痛的治療。

所主導的結果。腹部迷走神經又被稱為「社交的迷走神經」。為了促進我們和別人的溝通交際，腹部迷走神經會弱化我們在生存戰鬥時所需要的器官，並強化臉部的橫條紋肌肉系統（臉部表情）、中耳的肌肉（區分人的聲音與周圍噪音）、喉頭和咽喉的肌肉（說話）、胸鎖乳突肌（使頭部轉動）以及眼瞼的提瞼肌（以便和別人有目光的接觸）。當我們陷入危險或誤以為自己面臨危急狀態時，交感神經就會對此做出反應，它會適時激發我們，使我們充滿活力，以便迅速逃離或展開戰鬥。

如果交感神經過度亢奮而對我們的身體造成傷害時，背部迷走神經就會對此做出反應，以抑制這種亢奮。背部迷走神經也被稱為「原始的迷走神經」，因為，我們遠古時代的先祖和比較原始的生物（例如爬蟲類）一樣，已具有抑制亢奮的機制。背部迷走神經可以透過血管的擴張、呼吸和心跳的放慢，以及對人體生理活動的抑制，而抵銷交感神經所造成的亢奮。對羞愧者來說，這種舒緩的機制就像電器被拔掉插頭那樣，會讓我們完全喪失行動力，整個人彷彿處於癱瘓狀態。這種機制是人體為了避免自己過度緊繃，而踩下的「緊急煞車」。

此外，我們也很容易在足球比賽裡觀察到羞愧情緒。如果某支球隊進球得分，我們便可以看到，該隊球員所爆發那股歡騰激昂的勝利情緒，但敵隊的球員卻低頭垂肩（肩膀的肌肉失去張力），眼睛看著下方，或辱罵某位必須為失分負責的隊員（使其感到羞愧）。

尤其在重要賽事結束之後，我們還會看到戰敗球隊的隊員雙手掩面地跪倒在球場的草皮上，有些人甚至還難過地哭了起來。此時，他們的球迷也陷入悲傷的情緒中。

難為情時為什麼會臉紅？

當我們感到羞愧時，雙頰和臉部會泛起紅暈（透過紅外線熱影像儀所進行的研究證實，黑色人種也會如此）。羞愧的臉紅在孩童身上尤其明顯，這種現象大多會隨著年齡的增長而逐漸消失，不過，學術界至今仍未發現其中的原因。

依據我的推測，羞愧者臉頰泛紅應該是向旁人表示，自己已經意識到自身的過錯，所以不需要再受到懲罰。此外，它還是一種希望與他人連結的請求：羞愧者透過懺悔——「我覺得很丟臉，我不配與你們為伍」——要求團體能再次接納他們，並保證他們仍歸屬於該群體。

嬰幼兒的分離焦慮症

精神醫學暨生物行為學專家蕭爾教授曾在〈早期羞愧經驗與嬰兒腦部發育〉（Early Shame Experiences and Infant Brain Development）這篇論文裡，探討他在幼兒和母親，或和母親以外主要關係人（即主要照顧者）的關係裡，所觀察到的羞愧情緒。

新生兒最早在八個月大時便已知道，母親在離開他們的視線範圍後，會再度回到自己的身邊。但在出生後的那八個月裡，每一次和母親的分開都會讓他們感到焦慮。所以，只要母親又出現，他們就會把母親所流露的喜悅，當作自己與母親再度連結的訊號。

蕭爾在上述的論文裡曾提到，精神醫學專家羅伯特．埃姆德（Robert N. Emde）[3]認為，幼兒對母親再次出現的期盼，正是母親那種「眼神閃耀光芒的喜悅」。當幼兒感受到母親的喜悅時，便受到撫慰而放鬆下來。不過，如果母親出現時，是以漠不關心，甚至拒絕的態度來對待幼兒，他們就會出現羞愧的情緒：他們全身的血管會擴張，血壓會下降，而且肌肉會突然失去張力。此時，他們戲劇性的消沉反應會讓母親受到驚嚇，她們的交感神經運作便會增強。於是她們又開始關注和照料孩子，孩子也因此而不再沮喪，肌肉也恢復張力，整個人又重新獲得力氣和活潑的生命力。以上的過程必然是自主發生的，畢竟幼兒還無法有意識地採取行動。

以上的情況往往一天內會出現好幾次，畢竟母親都無法全天候留在孩子身邊，不斷關注他們。因此，這種母子之間的「遊戲」便強化了彼此的連結。孩子透過這種過程，讓母親對他們產生同理心，同時也感受到母親的關注、照顧、疼愛和重視。母子雙方都深刻感受到彼此緊密相繫，而大大地獲得內心的滿足。此外，嬰兒也透過這種過程而逐漸學會：

- 忽視母親不在身邊的事實。
- 透過和母親以外的人接觸，排遣這種難受的（羞愧）感覺。

3 譯註：埃姆德曾發表《嬰兒期的情緒表達：生物行為學的研究》(Emotional Expression in Infancy: a Biobehavioral Study) 這本重要的論著。

・在交感神經運作的亢奮狀態和副交感神經運作的放鬆狀態之間來回擺盪，從而發展出較強的心理韌性（心理的抵抗力）。

孩子反覆地修復與母親的分離，正是促使自身越來越有能力和別人互動並建立關係的最佳先決條件。因為，表達和分享自己的感受，並和別人相互影響，正是我們調整自己建立各種關係的工具。

如果孩子可以獲得這類經驗，他們在成年後，必然可以泰然自若地面對誤解、以建設性的方式解決衝突（至少是那些涉及愛、關注和自身需求的衝突），而且無愧地走過自己的人生。特別是孩子也藉由這種人際之間的相互影響，初次體驗到本身的行為效力，也就是由自己所建立的各種關係所產生的影響力。

在健全的母子關係裡，孩子透過羞愧情緒所傳達的信息就是「我感到羞恥，我配不上妳的愛。」母親則以非語言方式回應：「你對我很重要。」因此，我們也可以把孩子的羞愧情緒，理解為一種要求與母親連結的「非言語呼喚」。

雖然很丟臉，但沒關係

一、羞愧可以抑制痛苦。

當幼兒表現出渴望母愛的需求，卻無法獲得充分的滿足時，他們所出現的羞愧情緒會大大抑制本身對母愛的需求，從而減緩了他們內心的痛苦。由於他們極度壓抑對母愛的渴求，因此，當需求無法被滿足時，也徹底斷絕了這種需求。

由此可見，羞愧情緒是一種放棄的生理機制，它讓我們確確實實地遠離自己的渴望，進而結束讓自己感到痛苦的關係。此時，我們會默默低頭，轉身離開。

二、羞愧可以抑制過度亢奮。

羞愧情緒在某些情況下，可以產生保護作用：當我們注視別人較久時，便能察覺到，這樣的目光接觸會大幅增強自身神經系統的運作，就連嬰兒和幼童也可以發現這種關聯性。

由於這些幼小的生命尚未做好進入高度亢奮狀態的準備，因此，他們只要覺得與別人的目光接觸過久，就會轉移自己的目光。這也是個體自行調整自律神經系統亢奮狀態的最初步驟。當幼兒幸福地對別人微笑後，為了調節隨之而來、可能使自己陷入混亂的強烈情緒，就會把自己的目光從別人身上移開。

三、羞愧可以抑制行動。

當我們感到羞愧時，自主神經系統的交感神經和背部迷走神經就會處於高度活躍狀態。對人體來說，它們的交互作用就像我們在開車時同時踩油門和煞車一樣，是相當損耗能量的過程。

當羞愧使我們變得虛弱無力時，這個天然的「煞車器」便立刻中止我們所有的行動。身為成年人的你也知道，在某個幸福的片刻，也可能會突然發生令自己感到羞赧的事情。比方說，在跳舞時摔了一跤，或在行房時，孩子突然闖進臥房裡。

羞愧對行動的抑制作用，對孩子來說也很重要：孩子想要探索一切，認識、擴展並擁有自己的生活空間，而且總是以父母的所在為起點，不斷向前探索。當孩子發現，使他們感到好奇和興奮的東西就在街道的另一邊時，便會直接跑到對街，根本不會注意那些疾駛的車輛。當父母對他們大聲制止「不！」或「不可以！」時，正衝往對街的孩子就會立刻停下他們的腳步。因為，父母的叫喊在他們內心所引發的羞愧已經發揮「緊急煞車」的作用。

美國心理學家暨人格理論家希爾文．湯姆金斯（Silvan Tomkins）就曾指出，「羞愧既是人類與生俱來的輔助性情緒，也是制止自己熱烈追求自身興趣與愛好的特殊情緒。」

四、羞愧可以調整社群歸屬感。

羞愧情緒可以讓我們察覺到，在某一個家庭關係或人際關係的框架裡，存在著什麼樣的可能性與不可能性。

羞愧情緒最早是出現在我們和母親的關係中，後來也會出現在我們跟情人、朋友和陌生人的關係裡，因此，我們在幼兒日間照護中心、學校或企業裡，都可以觀察到人們的羞愧情緒。特別是當我們置身於異文化時，更能注意到自身羞愧情緒所產生的作用。因此，即使我們人生地不熟，不知道異文化的行為準則，也可以察覺到這些準則的存在。

在人類近千年的發展當中，羞愧一直是人類社會化的「訓練方案」。透過這種訓練，人類從小便學會什麼是對自己和群體適當的言行舉止。如果我們可以適應和融入社群，就比較不會因為不得體的言行而出糗。如果我們違反社群的行為準則——暫且不論它們是否具有正面的意義，或是否合乎時宜——就會很快地衝撞到社群歸屬感的那道界限，而且當我們越逾越人我之間未曾明說的那道界限，便會越強烈地察覺到自身所出現的羞愧情緒。「我必須如何為人處世，才不會失去我的社群歸屬感？」這個簡單的問題便已涵蓋了這個羞愧的面向。

五、羞愧可以抑制攻擊性。

當幼兒再度看到母親，卻沒有感受到母親以「眼神閃耀光芒的喜悅」來對待自己時，心情就會消沉。由於他們還無法替自己辯解，因此便利用心情的消沉（羞愧情緒）這種非語言表達方式來引起母親的注意，而重新建立與她們的愛的連結。因此，羞愧情緒便在愛與攻擊之間來回擺盪，扮演調解斡旋的角色。

六、羞愧可以建立人我之間的界限。

能成功調節羞愧情緒的人，在拜訪朋友時，當然不會想打開他家中所有的抽屜，一一檢查裡面所擺放的東西。如果我們可以早早學會如何確立人我之間的界限，往後便能察覺這道界限，知道該在何時踩煞車。這完全是以非語言方式進行，而我們所出現的羞愧情緒可以幫助我們尊重別人的自我空間。

羞愧情緒的作用

- 羞愧情緒的功用就像與電路連接的保險絲一樣，可以防止過度負荷的情況發生。當個體的神經系統過度亢奮時，羞愧情緒就會以自動、高效率且十分迅速的方式，讓身體擺脫這種狀態，而不需要大腦有意識地下達指令。
- 孩子的羞愧情緒可以喚起母親的內在衝動，並促使母親調整該衝動。這便促進了孩子的安全感，對母親的信任感，而且還增強了母子之間的連結。
- 孩子經由不斷調整消沉的心情（即羞愧），而逐漸學會如何調整自我。
- 在高度亢奮和自我調整之間來回擺盪，有助於提升心理韌性——也就是克服逆境的能力，而且不至於傷害自己。
- 羞愧情緒既是在警示自己與別人的關係已岌岌可危，也是在請求團體或社群接納自己。儘管羞愧者此時還無法讓自己抬頭挺胸地面對他人。
- 羞愧會中斷自身的行動，而且會立刻中斷。
- 羞愧會抑制自身的攻擊性，也會抑制想要展現自我和活潑生命力的一切形式。
- 羞愧情緒可以建立人我之間的界限。
- 羞愧情緒可以讓幼兒不至於因為無法得到自己想要的東西而承受痛苦。在母子關係裡，不斷重複的互動過程可以讓孩子精準地調整自我：孩子會讓自己的期盼適應母親的做法，而母親也會學習如何滿足孩子的需求。不過，這種對幼兒相當重要的羞愧機制，也是他們往後形成慣性羞愧的根由。

第二章

當你深陷羞愧的情緒黑洞

從生物心理學看羞愧如何運作

以下這項與自我探索有關的練習，可以讓你更容易掌握短暫的及時羞愧和長期的慣性羞愧之間的差別。關於這項心理練習的說明，除了下列逐項的文字敘述外，你也可以上網進入我的網站 www.stephan-niederwieser.de，點選首頁上方的「自主性」（Autonomie），再點選「羞愧練習」（Scham-Übungen），然後觀看我po在該網頁下方那段以「慣性羞愧」（Chronische Scham）為標題的視頻。

練習❷ 覺察羞愧

1 請挺身站好，閉上眼睛，並給自己一點時間留意內心的感覺，如此一來，你便可以察覺自己有哪些改變。

2 請擺出你在第一章所認識的羞愧姿勢：低下頭來，肩膀往前內縮，讓上半身含胸駝背，並垂下雙臂。這個姿勢並不需要太大的動作，也不用改變你原本站立的位置。

3

請維持這種羞愧姿勢一會兒，並留意自己出現了什麼變化：

- 你的身體產生哪些感覺？
- 你察覺到內心有哪些感受？
- 你是否聽到哪些詞語、句子或自我批評？
- 你內心是否產生衝動？
- 請想像一下，當某人以這種羞愧姿勢出現在你面前時，你會對他留下什麼印象？你認為，他生活在什麼樣的世界裡？
- 請想像一下，當你以羞愧的感受和別人互動時，你覺得對方會出現什麼反應？對方會認同你嗎？或他們比較可能拒絕你，甚至會對你暴力相向？
- 假設你的羞愧姿勢具有表達能力，它想傳達什麼訊息？請試著將你的答案寫下來。

4

現在請你重新站好，深呼吸，慢慢地睜開眼睛，並環顧一下四周。然後回到座位上，並在羞愧日記裡寫下你在這項練習裡所獲得的收穫和經驗。

你可能在上述的練習裡，發現自己出現這些情況：

- 你會感到身體缺乏能量或力氣，也許還會覺得哪裡不舒服。例如，當你先站好，並準備挺直身體時，雙腳卻出現痠痛、火辣辣的刺痛，還有強烈的肌肉緊繃。
- 你可能會覺得內心空虛、孤獨寂寞，或認為自己毫無價值。
- 你可能對自己有批判或負面的想法：「我很醜，而且一副窮酸樣！」「我是個失敗者！」「我已經成為別人的負擔！」
- 你可能也會察覺自己對別人有貶損的評斷：「所有人都是白癡！我才不想跟他們有什麼瓜葛！」

整體來說，參加我開設的討論課程的學員在完成這項練習後，都覺得自己像一朵枯萎的小花，沒有受到關注和照料，或甚至已被徹底遺忘。

在這裡，有一點要特別提醒：大家通常都分別談論身體和心理，或身體的各個部位，好像它們是各自分離，互不相關的。所以大家會認為免疫系統和神經系統、骨骼系統和腦部都是各自獨立的。不過，大家都忘記一點：人體只有透過各部位的相互作用，才具有生命，而且每個部位所發生的任何改變，對整個人體都會造成影響。

你的身體姿勢會主導你內心的感受。許多身體心理治療法（Körperpsychotherapie）都以這個事實作為學理基礎。舉例來說，當你擺出一副握有權力、抬頭挺胸的姿勢時，你血液裡的睪固酮（Testosteron）在兩分鐘內就會被測出含量顯著上升。反之，當你擺出彎腰駝背、一副卑躬屈膝的羞愧姿勢時，你血液中的可體松（又稱為「皮質醇」或「壓力荷爾蒙」）含量便會增加。有權有勢、昂首挺胸的姿勢會讓你覺得自己已做好準備，能克服迎面而來的挑戰，而垂頭喪氣的委靡姿勢則會讓你懷疑自己，覺得自己無法獨立自主而感到自卑。這些感覺雖是你的自我概念的表達，之後又再度強化你的自我概念。

我在這裡要特別強調身體、心理、免疫系統、荷爾蒙系統和神經系統的一體性，否則我們實在難以理解羞愧本身的複雜性。羞愧不只是一種感覺，也不只是自我的貶抑和身形的收縮。如果我們進入慣性羞愧的模式，我們身體的所有層面都會因此而受到波及和影響，健康也會受到嚴重的危害。

學術界研究身體和心理的關聯性已長達數十年，而且許多研究已證明，它們之間確實密切相關。不過，我在這裡倒想介紹一些新近的、或許還未廣為人知的研究成果：

一、詞彙對人體所產生的作用

神經心理學家馬里歐．馬提內茲（Mario Matinez）曾分析「婦女更年期潮紅」這個概念，在不同文化裡所代表的意義，並得出以下的結論：日本人以「こねんき」（譯按：日文漢字為「更年期」）表示女人的更年期潮紅，這個詞語在日文裡，含有「轉折」或「生命中的轉變」的意思。另一個東亞國家——中國，在醫學上把婦女的更年期解釋為她們的「第二春」。

至於在秘魯及其他南美洲國家，人們則以bochorno這個西班牙文詞語表示女性更年期的潮紅，而bochorno在西班牙文裡還具有「困窘」、「難堪」和「羞愧」這些語意。馬提內茲這項跨文化研究的結果顯示：使用bochorno這個含有羞愧語意的南美洲更年期婦女，顯然比將更年期視為人生自然轉變的日本或中國婦女，更常出現發炎症狀和疼痛、更需要接受荷爾蒙替代療法，而且也覺得自己比較缺乏吸引力。

二、心境決定詞彙的使用方式

英國雷丁大學研究人員穆罕默德・阿默塞維（Mohammed Al-Mosaiwi）的研究顯示，憂鬱症患者使用第一人稱代名詞「我」的頻率，遠遠高於使用第三人稱代名詞「他／她／它」。這項研究成果告訴我們，比較關心自己的人往往無法專注於人際關係的建立。

與他人正常地接觸和互動，是我們能夠調整羞愧和憂鬱的主要方法。離群索居既是羞愧和憂鬱的結果，也是羞愧和憂鬱得以持續的生活狀態。德州大學奧斯汀分校心理學教授詹姆斯・培納貝克（James W. Pennebaker）也曾在他的著作《代名詞的神祕生命：我們的話語如何透露出我們本身》（The Secret Life of Pronous. What Our Words Say about Us.）裡，證實感覺和語言之間的相關性。

當「羞愧」變成習慣

慣性羞愧會以不同的方式讓人立即表現出羞愧，而且不一定會出現害羞臉紅和羞愧的身體姿勢。近年來，市面上出現了可以撐直頸部的內衣產品，健身中心也紛紛以肌肉鍛鍊作為號召，以滿足人們希望矯正不良體態的需求。不過，慣性羞愧卻是透過我們信以為真的想法來影響我們。例如：

- 我覺得孤單，沒有歸屬感。
- 我有被忽視的感覺——被同伴、被潛在的夥伴忽視；在加薪、在排隊買麵包時受到忽視。
- 在人群中生活讓我感到疲累不堪，因此我寧可離開群體，獨自過生活。
- 我否定、貶低和憎恨自己或身體的某個部位。
- 我覺得自己難以下決定。
- 我認為，沒有必要知道每個人的名字。
- 我幾乎不了解，或很少了解自己真正的需求。
- 我長期被激怒卻隱忍下來，後來我的攻擊性終於爆發開來。
- 我不敢說出自己到底要什麼。
- 我認為，悲傷、憂鬱和冷漠麻木可能是羞愧的表現。

- 我認為人格障礙，諸如邊緣型人格障礙或自戀型人格障礙，可能是羞愧所造成。
- 我覺得自己為了生活而疲於奔命，並承受許多壓力和過度的要求。
- 我會很快就失去情緒的平衡與穩定。
- 我需要一段漫長的時間，才能擺脫負面經驗，讓自己平靜下來。
- 我需要不斷獲得別人的關注，而且已經到了上癮的地步。
- 任何形式的關注，比如稱讚、肯定、同情，或甚至愛的告白，都可能造成我的痛苦。
- 當我被別人注意時，我會覺得不舒服，甚至覺得不安。
- 我很少、甚至完全不會表現出自信。
- 雖然我表面上會遷就或贊同別人，但其實我是把自己的不信任和攻擊性隱藏起來。
- 我覺得自己既卑微渺小又不重要。
- 我認為，我必須對別人一直保持友善的態度，並持續受到別人的喜愛。

以上只是一些和慣性羞愧有關的例子。但這些例子並不完整，也不該用於慣性羞愧的臨床診斷。如果我們想找出慣性羞愧的原因，仍必須從每一個個案著手，並進行詳盡的研究。

羞愧者的五大認知模式

當我們陷入慣性羞愧時，羞愧就會成為我們主要的認知模式，而且我們還可以從這個模式裡察覺到，某些事情一定會發生。為了讓大家可以掌握羞愧認知模式的梗概，我在本節裡，將進一步探討以下這五種模式。

此外，有些人會對許多事情感到羞愧，甚至還對自身的良好性格、愛心，以及所受到的讚許和肯定感到難為情，但有些人只會偶爾感到害羞，而有些人則甚少感到自卑慚愧。有些人的自我評價即使是負面的，卻仍絲毫不受影響且保有行動力，但有些人卻因而徹底失去衝勁。

我所謂的「慣性羞愧」，不一定是指一個人持續處於羞愧狀態，因為我們在一般情況下，只會習慣性對某些特定的生活領域感到羞慚。比方說，有些人可能在職場上對於那些會讓自

和「羞愧」有關的形容詞

下列這些形容詞以及（可以作為形容詞的）過去分詞都和「羞愧」有關：害羞的、拘束的、窘迫的、膽怯的、有所顧慮的、困頓的、難堪的、不舒服的、尷尬的、自卑的、被貶低的、丟臉的、不光彩的、蒙受恥辱的、受委屈的、赤裸裸的、不夠好的。

己無法施展能力的批評毫不在意，但在私領域上，卻總是以這些評斷不斷地貶低自己。

一、從經驗中解釋：羞愧者認為，別人的心情和反應都和自己有關。

在剛出生的那幾年，孩子的經歷都直接和身邊的人以及周遭所發生的一切糾結在一起。他們不僅無法釐清事情的來龍去脈，還會把所有發生的事情都和自己牽扯在一起。

美國心理生物學家勞倫斯．海勒（Laurence Heller）曾以下面的例子說明這種情況：假設有一個剛滿兩歲的孩子來按你家的門鈴，並對前來開門的你說：「我不知道我父母究竟怎麼了？我是個很棒的孩子，在許多方面都很討人喜愛，但我的父母卻不愛我！」這個例子在現實裡根本不可能發生，因為，在不好的環境裡成長的孩子無法擁有正面的自我評價。既然他們受到惡劣的對待，他們便無從知道，自己其實是個討人喜歡的孩子！

孩子內在的觀察者還未具備自主性，而只有成熟的、獨立自主的內在觀察者才有能力確認，父母是因為彼此未解決的衝突，才會出現如此怪異的行為，因此孩子不可能了解，自己在情感上無法和母親親近，是因為母親沒有受到她父母的疼愛。孩子也無法明白，父親鼓勵自己要有最好的成績表現，是因為父親從前只有把最好的成績帶回家時，才會受到他父母的重視。孩子都以自我為中心，所以他們會覺得，別人的一切都和自己有關。當他們被父母羞辱、處罰或毆打時，就會認為一定是自己有什麼過錯。

案例

案主S小姐在年幼時，每天都被母親打耳光。她主動找我做心理治療，並談到這段不堪的童年往事。

當時我問她，這個童年經驗告訴她什麼？S小姐回答：「我那時一定要讓我媽媽很痛苦。」我繼續問：「為什麼？」她答道：「因為我和她生活在一起啊！」

二、壓抑自我防衛的衝動：羞愧者會壓抑自我防衛的衝動，並把原本用於保護自我空間的攻擊性導向自己。

每個孩子從出生開始，就能辨認出母親的氣味、聲音和行為規律，因此，母親的懷抱是孩子最安全的處所。

人類和其他動物一樣，擁有與生俱來的生存本能：不論是積極求生的逃跑、戰鬥，或消極求生的身體疲倦、麻木無感、僵硬或精神解離狀態。所以，當母親羞辱孩子或以其他方式虐待孩子，又或無法保護受到攻擊的孩子時，孩子就會本能地以憤怒的情緒來自我防衛。他們會動員全身的力量並儲備許多能量，以便抵禦包括母親在內的攻擊者。由此可見，母親對孩子來說，雖然可能是最好的保護者，卻也可能是攻擊者。

受虐的孩子就好像失足墜落的人，及時抓住一根已通電的電線，雖然一開始會受到電擊，但為了拯救自己的性命，仍緊抓住這根電線不放。孩子就這樣陷入了母親的愛和攻擊的矛盾中。由於他們的防衛衝動無法針對可能餵養、保護和安慰他們的母親，因此，他們必須另尋途徑來宣洩本身為了自我防衛所蓄存的許多能量，從而把本身的防衛衝動導向自己，並傷害自己。孩子在這種情況下，就會進入所謂的「自我分裂」的過程。我將在下個段落詳加說明。

案例

R小姐比她姊姊足足小了十四歲。她是母親意外懷孕所生下的孩子，也就是德語所謂的

「臥房災難」(Schlafzimmerunglück)，而她也覺得自己的出生只是給父母添麻煩。

父母在她出生後，便把她交給祖父母扶養。她的祖父是個酒鬼，平常以毆打她為樂，祖母也不關心她，對玩填字遊戲還比對她這個孫女更感興趣。

我問R小姐，她在敘述這段悲慘的童年往事時，內心有何感受？她一聽到我的問題，雙手立刻發抖抽搐，似乎想要攥緊拳頭，而臉上也出現些許激動的表情。她回答：「我心裡突然閃過一種感覺：我的童年讓我很憤怒！但我沒有理由感到憤怒，畢竟許多孩子也都受過這種對待！」

三、自我分裂：羞愧者會誤以為，自己自然而然出現的自我防衛衝動是負面的，或是不應該的。

當孩子為自己的攻擊性感到羞愧時（身體會向內收縮，體內的新陳代謝也會變慢），就會制止本身的自我防衛衝動，並透過「我很壞／我很惡劣／我不知感激／……」這些負面的自我批判，而將對外的攻擊性反轉向內來攻擊自己。

如果孩子覺得自己不夠好，和他們互動的對方不論其言行舉止如何，在他們的認知裡都會自動變成好人。此時孩子為了適應對方，便會扭曲自己所遭遇的事實：他無法認清自己受到惡劣的對待，而是相信自己理應受到這種惡劣的對待。當他們體驗到自己的不好／惡劣／不知感激時，和他們互動的對方以及對方的行為便具有正面性和正確性。由於他們對自己抱持負面的看法，孩子理應被滿足的需求，也就是對於遊戲、對於和他人的連結、接觸與交談、對於自身受到愛護、關注與體貼的渴望，反而因為他們認為自己不配獲得，而成為他們必須排斥的東西。

兒童因為無法統合自身好壞及善惡兼具的二元對立，而出現的自我分裂，會在青少年和成年時期出現反向轉化，也就是：自我分裂的兒童原本深信的「我很壞，其他的人都很好」，後來會變成「我是好人，其他的人都是惡棍和壞蛋。」殺人魔、自稱懷有宗教動機的恐怖分子，或那些針對曾嘲笑和排擠自己，而展開校園大屠殺的學生，都抱持著這種信念。這些殺戮者後來不僅不再感到自卑，反而還認為其他的人都比自己更低劣，而這樣的想法等於允許自己擁有折磨、拷問或殺死別人的特權。

案例

U先生是個尋求幸福而不可得的失意者。即使已四十二歲，他還不知道什麼是幸福，而且依據他自己的說法，他「從未感受到幸福」。

在著手研究這個個案後，我才發現，正是他本身在阻礙自己獲得幸福。他曾經十分確信地強調：「我對別人來說是個危險人物。我只要接近他們，他們就會過得不好。」試想，我們如果相信自己的存在會妨害別人，我們怎麼還敢追求自己的幸福呢？

四、認同負面的自我圖像：羞愧者會誤以為，這個分裂的、會出現自我防衛衝動的自我，就是他們自己。

分裂的、負面的自我圖像會讓我們覺得，那就是我們自己，那就是我們的一切。我們不僅認為，負面的自我圖像就是我們存在的狀態，而且還會對這些自我圖像產生認同。例如：

「我很惡劣。」

「我不夠好。」

「我無法和別人建立關係。」
「我有點兒不正常。」
「這是我的錯。」
「我不是個守規矩的孩子。」
「我應該受到懲罰。」

如此扭曲的自我圖像很難讓我們覺得，自己已在人生中完成自我的實現。因為，認為自己不好、惡劣或能力不足的人，既無法擁有深情的伴侶，也無法擁有良好的職業，或得到合理的薪資報酬。

我們如果用這種態度過生活，就會一直對自己感到不滿意，甚至不信任那些以善意對待我們的人，我們會認為：「他根本不會喜歡我！」「他對我這麼友善，一定心懷不軌！」或「如果他知道我實際的情況，就會……」這些充滿羞愧的自我圖像，都讓我們在各種關係裡感到不舒服或不如意。我們還會把自己所遭受的苛待視為理所當然，會以負面的認知解釋別人對我們的關照，而且還把種種的不如意、不愉快甚至疾病，當作自己應得的懲罰。

案例

M小姐找我做心理治療時，心事重重地向我發牢騷：「我不知自己到底做了什麼？我先生的心情很糟！」光從她對這個問題的敘述，我便已知道，她認為自己是丈夫心情惡劣的原因。

M小姐在二戰後出生，母親在她年幼時即過世，她是由外祖父母撫養長大。外祖父在戰爭中受傷，因為身體的殘疾而無法繼續工作，所以，賺錢養家的責任便落在外祖母身上。但外祖母卻有憂鬱症，所以她在童年時期便懂得主動關照外祖母的狀況。

「我會注意外婆的心情是否好轉。」不過，從來沒有人安慰她因為幼年喪母所承受的心理創傷。她向來都把父親的照片放在隨身攜帶的皮夾裡，但年過七十歲的她卻從未見過自己的父親。

「從前我外婆經常一哭就是好幾個小時，因為我就是不夠聽話！我會得癌症，其實也沒什麼好奇怪的！」以上的內容是她剛開始來我這裡接受心理治療時，對自己一生的總結。

五、投射負面的感覺：由於「負面的感覺」和羞愧者的自我圖像格格不入，於是他們便推想，別人也會有這些「負面的感覺」。

如果有人認為自己很糟，並以此為出發點來看待周遭的一切，那麼，他只會看到比自己更好的人。如果有人覺得自己卑微渺小且眼界狹隘，那麼，他只會看到比自己更重要、更強大且更具權勢的人。

此外，內心充滿負面感覺的人還會出現這個問題：既然他們無法表達內心的憤怒，那麼就讓這股憤怒在別人的心裡繼續沸騰。他們雖然清楚察覺到憤怒的存在，卻不明白那其實是自己的憤怒。因此，他們便出現嚴重的認知偏差，也就是把自己無法接受的憤怒，向外轉移到別人身上，這種向外的轉移便被稱為「投射」。

對孩子來說，知道母親的憤怒，比知道自己的憤怒更為容易，畢竟後者會損害自己和母親的關係。同時孩子也因為害怕無法維繫和母親之間的關係，而讓自己陷入嚴重的內在衝突裡。但話說回來，孩子只有經歷到，即使表達自己的憤怒，依然會受到大人的關愛，他們的內在才能統合這兩種矛盾的需求，進而體認到，自己同時具有愛與攻擊、關懷與憎恨、同情與冷漠這些二元對立的情感。當孩子無法統合這種二元對立時，就會陷入自我分裂，而且這種狀態很可能會延續至成年後。

孩子如果越能向自己坦承自身存在著各種感受和情緒，便越能讓自己停留在這些感受和情緒當中。不論他們的父母、鄰居或後來的伴侶和上司對他們抱持體諒、關心的態度，或擺出一副煩躁、激動或生氣的模樣，他們都可以準確地掌握自己和對方互動的情況，從而降低對方對自己的威脅性。

案例

U先生曾先後三次在精神專科醫院長期住院，而且曾好幾次長期喪失工作能力，即使到了三十五歲左右，仍未從事過全職工作。他對別人懷有畏懼感，總覺得自己會受到攻擊，在街頭只要和別人的眼神交會，就會認為對方是在跟蹤自己。

他成長於充滿暴力的環境裡，孩提時期的他覺得自己好像隨時都坐在火藥桶上，因為只要他的反應讓父親感到不滿意，父親便會立刻「賞他一記耳光」，同時他還必須一再目睹母親如何被父親家暴。有一次，母親還被父親打得血流如注，讓他不得不叫救護車。

我問他，對這段往事的敘述讓自己體驗到什麼，他回答，「我發現，我的腹部肌肉略微緊繃，而且我對自己的批判還帶有毀滅性。」他認為，自己早就該制止父親的家暴行為，也早該挺身保護母親和兩個姊妹，但他當時實在無能為力，為此他始終無法原諒自己。後來他才發現，自己對父親的憤怒從未消除，而在意識到這一點之前，他一直都把這股憤怒投射在陌生人身上。

你如何看待自己

一、自我圖像的形成

我們對自身如何發展出自我圖像的認識，有助於我們了解羞愧的生物學面向。

當卵子接受精子的進入而成為受精卵，最後在母體子宮內發展成熟而出生時，沒有人知道，這個新生兒長大後，會成為木工、女性賽車手，或是另一個愛因斯坦。在胎兒的生殖器還未長出以前，也沒有人知道，它們會以何種性別來到這個世界。

儘管如此，新生兒卻不是一張不帶任何信息的白紙。畢竟每個人在出生時，都已帶有自己的特質，而且會以獨特的方式將自身的能力、天分和好奇心綜合地呈現出來。因此，沒有任何人會跟別人一模一樣，就連同卵雙胞胎也不完全相同。

和爬蟲類動物不同的是，人類可以使用大腦來考慮和計畫未來、深入思考和分析問題、跟別人交談，以及使用語言來表達自我圖像。如果新生兒的大腦已充分發育，他們的母親就會因為他們過大的頭部無法通過產道，而難產死亡。因此，新生兒的腦容量在剛出生時，大約只有成人的四分之一。

腦幹所掌控的自律神經負責心跳、呼吸、睡眠，以及其他維繫身體運轉所必要的生理功能。至於計畫、分析和思考對個體的存活並沒有迫切性，因此，這些和大腦有關的能力還有時間隨著年齡的增長而逐漸發展。由此可見，新生兒所需要的大腦容量並不多。

新生兒的主要關係人（即主要照顧者）會透過自身的鏡像神經元來了解嬰兒所發出的信號代表什麼意思，比如：飢餓、疲倦、身體接觸的需求……當幼兒受到照顧時，他們就會逐漸明白，除了自己以外，還有其他人存在。因為當他們察覺到在自己的「外面」還有某個人存在時，自己的「裡面」也必定有某個人存在。透過這種自我察覺的狀態，幼兒便對「自己是誰」有了初步概念，而這也是他們日後自我圖像的雛形。

圖 1　人類自我圖像形成的模式

1
幼兒的「自我表達」，就是在釋放活潑的內在衝動。
2
由於幼兒的主要關係人的鏡像神經元反映出幼兒的行為，因此，主要關係人便能對幼兒感同身受，並以言語、目光的接觸，或身體的撫觸來回應幼兒。
3
幼兒獲得主要關係人的回應，而得以知道自身，而且還逐漸察覺到，既然「外面」那裡有某個人存在，「裡面」這裡也必定有某個人存在，也就是他們自己。
至於幼兒是否覺得自己獲得充分的回應，則取決於主要關係人回應的頻繁性、優質性和周全性。

在第六十九頁的圖1裡，我試著以簡單明瞭的方式，說明人類自我圖像形成的動態過程。

幼兒從主要關係人那裡所獲得的回應，幾乎都相同嗎？還是每次都不一樣？這些回應是否具有共同的規律？是大人必須適應幼兒或幼兒必須努力適應大人的規律？像這樣，這些小生命從主要關係人的回應方式裡察覺到，對方對於自己的喜愛、煩躁或不感興趣，並因而形成了自我圖像，例如：「我的存在大有裨益」、「我就是個累贅」或「我根本不重要」。

德國著名的心理神經免疫學教授姚阿幸．鮑爾（Joachim Bauer）曾指出：「大腦會把心理層面的東西，轉化為生物層面的東西。」美國精神醫學教授湯瑪斯．劉易士（Thomas Lewis）則表示：「我們是誰，又將成為誰，其實取決於我們愛誰。」

透過掃描儀，我們可以在成年人的大腦裡，看見與自我圖像相關的神經元所聚集的部位。這裡還出現一個有趣的現象：在重視「我」的社會裡所成長的人們，其大腦前額葉的自我網絡的神經元活動，顯然比成長於重視「我們」的社會裡的人們更為活躍。

在神經生物學領域裡，涉及自我圖像的大腦部位，和以下的系統密切相關：

- 恐懼系統：位於大腦底部的杏仁核會發出警訊或送出「這裡很安全！」的信息。
- 動機系統：負責調節「幸福荷爾蒙」多巴胺的分泌。
- 疼痛系統：會分泌類似嗎啡的物質，以降低疼痛。
- 壓力系統：內分泌腺體、大腦下視丘、腦下垂體與腎上腺皮質之間的連續性作用，不只掌控個體的壓力反應，還負責個體的消化、性慾（性行為）、心情和感受等多種生理過程。
- 免疫系統：負責調節免疫細胞的功能和作用。
- 腦幹：會影響血液循環、血壓、睡眠，以及其他由自律神經系統所負責調控的生理功能。

在這裡我們可以看到，自我圖像具有相當廣泛而多樣的作用。我們還看到，我們在剛出生那幾年可能的遭遇，以及我們從中所形成的自我圖像。

二、充滿羞愧的自我圖像

我們會相信，自己就是別人眼中的自己。下方圖2就是在解析我們的這種想法。

我們的「實然」與「應然」差異越大，我們便越需要羞愧來克服這種分歧：也就是把「不被允許」的部分隱藏起來，而讓自己的言行舉止看起來符合我們應有的表現。

我們如果無法滿足別人的期待，就會感到羞愧，所以，幼兒經常因為無法滿足大人的期待，而無意識地感到羞愧。隨著年齡的增長，我們越來

圖2　羞愧的自我圖像的形成模式

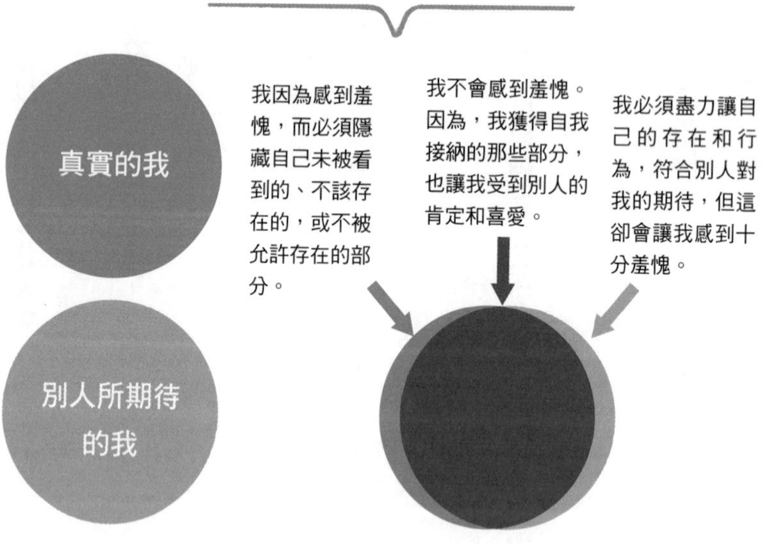
真實的我
別人所期待的我
我因為感到羞愧，而必須隱藏自己未被看到的、不該存在的，或不被允許存在的部分。
我不會感到羞愧。因為，我獲得自我接納的那些部分，也讓我受到別人的肯定和喜愛。
我必須盡力讓自己的存在和行為，符合別人對我的期待，但這卻會讓我感到十分羞愧。

越懂得符合別人的期待，但也越來越覺得自己背叛了自我。這也是羞愧的另一個起因（參考第七十四頁圖3）。

羞愧不僅出現在我們被低估、被認為不重要，或始終必須扮演孩子角色的時候，也會出現在我們被高估，或被過度要求的時候，比方說，子女面臨親子角色反轉而必須承接父母原本應扮演的角色時（救援父母、使父母擺脫他們的痛苦、在生活或情感上照顧父母和家人等）。心理學把這種子代父職或子代母職的現象，稱為「親職化」（參考第七十四頁圖4）。

這些解說圖還清楚地顯示，我們究竟為什麼會感到羞愧。這是由於真實的我——也就是自己所特有的潛能、生命能量、自我表達，以及活潑的生命力——不同於別人所期待的我，因此，我們便因為自己無法符合別人的期待而感到羞愧。彷彿我們有責任滿足這些期待。

圖 3　我們越不受到肯定，便越需要隱藏自己，偽裝自己

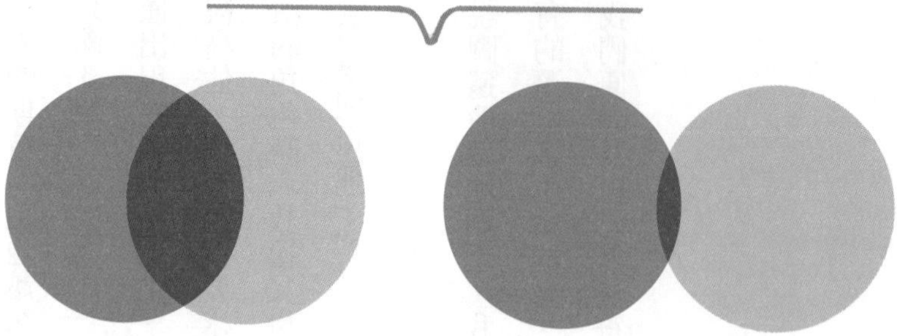

圖 4　不論我們被低估（左圖）或高估（右圖），
都會感到羞愧

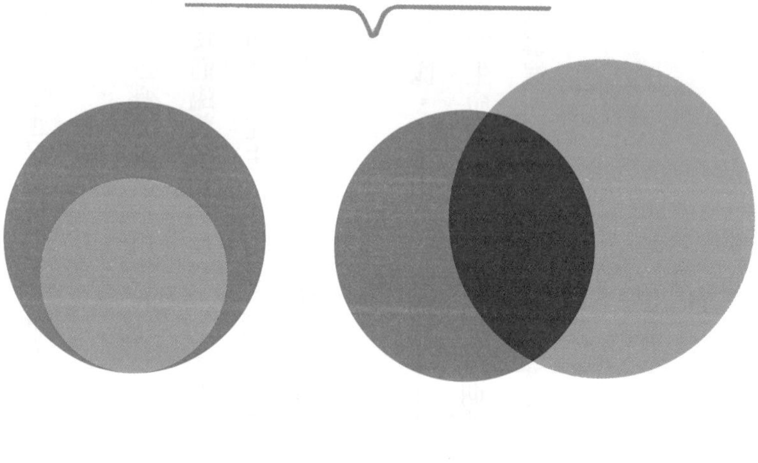

練習❸ 對自我批判有所保留

「解除認同」，就是讓自己逐步遠離負面的自我圖像，不讓某一部分的自己當成是全部的自己。你可以針對自己任何一個自我批判，反覆進行這項練習。

1 請找出一個類似「我根本不重要！」這類的負面自我批判，作為練習的對象。

2 請仔細回想，你會在什麼樣的生命處境裡，發展出這個自我圖像？在你的生活周遭，有哪些情況、別人的哪些言語和行為，會促使你接受這個自我圖像？你出生後有哪個主要關係人，對你自我圖像所產生的影響是最深刻的？

3 現在請在一張紙上寫下這個負面的自我批判，並在另一張紙上描述你當時形成這個自我批判的情況。然後把這兩張紙放在桌上或地上，並給自己片刻時間，感受它們對自己所產生的效應。請你察覺自己的感受和情緒，或浮現而出的回憶。

4 請用手把這兩張紙分開。當你看到它們已間隔一定的距離時，你有什麼感覺？你是否產生不一樣的體驗？

5 此時你在紙上所寫下的那個自我批判，是否感覺比較舒服順耳了？或許現在你的腦海裡，還浮現出一些和這個自我批判截然不同的回憶。例如，你曾在某個情況下，對某個人具有重要的意義。當時是什麼樣的情況？只要這個情況帶給你正面的感覺，就繼續針對這個情況進行自我探索。

6 請寫下自己的體驗。

被羞愧綁架的七大原因

當我們認為，自身的某些部分和能力無法受到周遭人們的肯定時，就會極力把它們隱藏起來，最後甚至連自己都忘記它們的存在。但它們總是在那裡，雖然被掩蓋起來，卻仍舊存在著。

擁有健全人格的人會正視和認可自身的所有面向，因此，我們應該試圖接近自己某些隱而未顯的面向，面對和處理自身的羞愧。如此，不只能為自己開闢嶄新的空間，讓那些被自己長期否定的寶藏得以顯現，還能以建設性的方式充分開發已被自己壓抑數年或數十年的活力和能量。

一、因為被忽視而感到羞愧。

有些父母並沒有把孩子當作孩子自己來看待，而是把他們當作先前夭折或早逝的、沒有被充分悼念的孩子的化身，例如因病而早夭的姊姊，或在戰場上陣亡的哥哥。有些已逝的孩子一直讓父母念念不忘，父母甚至還以他們的名字來為剛出生的弟妹命名。

案例

U先生來我這裡做心理治療之前，已被診斷出罹患焦慮症。他是他母親的第二個孩子，他的哥哥在他出生的前一年不幸夭折離世。他的母親在懷他的期間，不停地求診，因為她很害怕這個腹中的孩子也會夭折。當他出生後，母親並沒有把他當作次子來看待，而是把他當作已夭折的哥哥。母親因為對孩子夭折的恐懼而無法察知，他其實是個健康的孩子，並不需要她在夜裡還以機器監測他的心跳。

U先生曾因為過度焦慮，而在一家精神專科醫院住院數週，但醫生卻無法找出他焦慮的原因。原來U先生的痛苦不在於自己的焦慮，而在於他母親的焦慮。他自幼被母親忽視而形成的自我羞愧，才是他的心理問題的環節所在。

他在接受我治療的期間，越清楚自己是誰，本身對可能不幸死亡的焦慮感就越減輕。

二、因無法滿足他人的期待而羞愧。

當孩子不是以父母所希望的性別出生時，對孩子會造成什麼影響？

雖然我不認為，父母對孩子性別落空的期待會造成孩子的性別錯亂，讓孩子感到自己擁有性別錯誤的身體，但是，這些孩子總會覺得自己不太對勁。如果父母在他們出生之前非常期待他們擁有其他的性別，他們可能會覺得「我的出生是個錯誤」或「如果我可以更換性別，就可以獲得更多關愛。」所以，這些孩子就帶著這種負面的感覺，而逐漸長大成人。

三、因為缺乏社交能力而產生的羞愧。

有些人的心理障礙是我們無法在第一眼就立即看出的。

案例

F先生患有先天性重度聽損。由於他在孩童該學會說話的年齡遲遲無法說話，才被確認患有重聽。

在三歲以前，他始終缺乏和別人接觸所必需的感官知覺，即聽覺，因而難以適當地和周遭的人們互動。另一方面，我們也可以想像，當別人遇到他這位表現「不尋常」、與他交談卻沒有任何回應的孩子時，會出現什麼反應。由此可見，他確實難以適應周遭的生活。

由於F先生缺乏良好的人際接觸和互動，後來便被診斷出一連串的精神症狀，包括：社交恐懼症、行為異常、自閉症、性功能障礙等。

四、為自己所感受的愛而感到羞愧。

孩子會因為父母持續性的衝突、分居或離婚，而陷入必須同時忠誠於敵對雙親的極端矛盾裡。

案例

L小姐雖然愛她的父親，卻在父母離異後，感受到母親對父親的怨恨。後來她認為，自己也必須像母親那般地怨恨父親，但又因為自己仍愛著父親而感到羞愧。

J先生則是另一個例子。他的生活因為父母衝突不斷，而變得一塌糊塗，並且染上了毒癮。他覺得，只有在完全麻痺自己時，才能夠承受父母的激烈衝突所傳達的信息：「你並不重要，現在的情況跟你無關！」

此外，孩子在父母離婚的過程中，可能被父母的其中一方利用，以便壓榨或監視另一方，或在法庭上做出不利於對方的證詞。

案例

D小姐曾被母親強迫，要在父母的離婚訴訟上，指控父親虐待她。後來她也因為這件事而終生怨恨母親。

在父母打離婚官司期間，情緒失調的她不會向父親或向母親求助。同時從此以後，她便把自己想要親近、連結和依靠父母的需求，埋葬在那層濃厚的羞恥感底下。

五、因與眾不同所造成的羞愧。

從前的孩子和青少年會因為戴眼鏡、牙齒矯正器以及穿著兄姊的舊衣服，而感到羞愧。現今的孩子則會因為穿著不恰當的品牌服飾、擁有不合時尚潮流的智慧型手機，而在群體裡陷入尷尬的處境，並為此感到羞愧。為了避免這種羞愧，他們便會斷絕與同儕的交流。

六、因為性行為方式不如A片多樣化，而感到羞愧。

德國心理學家塔貝雅．芙萊塔克（Tabea Freitag）曾在她那些談論媒體成癮現象的演講裡指出，德國青少年當前的性關係是以A片內容作為參考：「一些小伙子在接受談話治療時，曾告訴我的同事：他們認為，一定要有口交、肛交等方式才算是美妙的性行為。」

許多少女都知道，她們的性行為對象會期待她們（將來）採取哪些性行為方式。有一位看起來很有自信的中學女學生曾告訴我：「如果我們在性方面不契合，到時我們的男朋友去找別的女生，就是我們咎由自取了！」為了讓自己迎合並融入群體，有些青少年會違反自己的意願，而從事某些讓自己感到不舒服，甚至疼痛的性行為。此時，他們也會因為違背自己的意願，而感到羞愧。

七、為自己的原生家庭感到羞愧。

在接受我的心理治療的案主當中，有不少人曾為自己的原生家庭感到羞愧，比方說：

- 父母教育程度低落、父母是土豪新富或家道中落的舊貴族。
- 父母罹患重病或慢性病，年紀太老或太年輕。
- 家裡有殘障的兄弟姊妹。
- 家人自殺。

「我是外勞的孩子」或「我的父母是難民」這些句子都具有某種說服力，彷彿原生家庭、父母的職業、社會行為、社會地位或金錢收入都和本身的身分認同有關。

法國社會學家暨哲學家迪第埃・艾希邦（Didier Eribon）曾在《返回漢斯》（Rückkehr nach Reims）[4]這本著作中，探討法國人民的羞愧和更多的政治權利之間的關聯性：「從前為了完成官方所規定的正式程序，我必須出示我那張註明父母職業（臨時工和女清潔工）的出生證明。即便我早已完成這類手續，但我仍因為揭露父母的職業而覺得尷尬無比……」

4 譯註：漢斯（Reims）是法國東北部的城市。

練習4 活出自己的夢想

1 請問自己下面的問題：你還有哪個夢想沒有實現？你是否曾因為別人的嘲笑，而至今從未重視自身的某種能力？你是否因為害怕被拒絕，而從未認真看待自身充滿活力的某個面向？

2 請在你的羞愧日記裡，寫下這些問題的答案。然後自問，如果你開始重視自身那些從未被自己認真看待的面向時，你的生活將發生什麼改變？你會選擇哪一種職業？你的家庭關係和人際關係會是如何？你將以何種方式規劃休閒生活？請以羅列重點的方式，寫下這些問題的答案。

3 當你花幾分鐘關注自身那些被羞愧所遮掩的部分時，請留意內心發生了什麼變化？你體驗到什麼？你現在的呼吸狀態如何？你的臉部表情出現了什麼變化？

4 在羞愧日記裡，也記錄這些轉變。

5 請在下個星期不斷重複這個練習，並讓自己察覺到下面這兩個問題：當你實現自己的夢想時，會是什麼情況？你有哪些感受已經增強？

是受害者，但也可能成為加害者

「暴力其實是人們對自己、別人、團體或組織所刻意使用且具有威脅性的（身體或心理的）力量或權力。暴力確實或很可能導致受暴一方的死亡、身體受傷、精神損害、心理發展的不健全或生存資源的剝奪。」以上是聯合國世界衛生組織對於「暴力」的定義。

暴力是種令人痛苦的經驗。許多人都受過暴力的傷害，並承受著暴力經驗所留下的後遺症：比方說，強烈的羞恥感。然而，暴力經驗卻不一定和自己的受暴有關。以孩童為例，由於他們和父母以及兄弟姊妹的關係非常密切，因此，他們對親人所遭受的暴力也會感同身受。

一、無法與親人接觸。

許多文獻已詳盡探討過家庭暴力和性侵害對孩童所造成的影響，而我在這裡只想專注於探究孩童和主要關係人接觸中斷所產生的影響，因為這種情況導致的後果經常被忽視。

孩子絕對需要母親的照顧和陪伴，特別是在孩子剛出生的那幾個月。因為對新生兒來說，母親的懷抱就是安全的處所。不論出於什麼原因，與母親的分離都會讓這個不成熟的小生命深陷不安，或甚至長期處於極度恐懼的狀態，而形成羞愧的自我圖像，並因而認為：「我不值得有人陪在我身邊。」

案例

B小姐已喪失工作能力多年，而後還因為母親過世而變得一蹶不振。精神科醫師診斷出她患有憂鬱症，但抗憂鬱藥物和幾次的住院治療卻對她沒有療效。由於她的病情經過數年的密集治療仍未改善，後來她便來找我做心理治療。

當我們一起討論她當前的狀況時，她的腦海裡很快就浮現出一段童年早期的回憶：她在三歲時，由於必須接受好幾個星期的檢疫隔離，而讓她覺得，自己只能透過一片薄薄的玻璃和別人接觸。我問她，對自己因為檢疫隔離而「被遺棄」這件事有什麼感覺？她回答：「怨恨！」她甚至因為自己想和一般人一樣，能跟別人有所接觸，而感到十分內疚。因此，她必須刻意而強烈地對抗並阻斷自己對人際接觸的需求。

與親人連結的中斷往往起因於：

- 孩子本身或其主要關係人因病住院；
- 孩子因為父母的激烈衝突，而在身心發展上停滯不前；
- 父母有一方外遇出軌，並向孩子透露這個祕密；
- 被領養：無論養父母付出多少關愛，孩子都會因為自己被親生父母出養而感到羞愧；
- 父母或兄弟姊妹自殺，或因疾病或意外事故而早逝；
- 搬家並轉學：這意味著，孩子必須放棄自己所建立的友誼，失去一段與某些友伴共享的童年；
- 重大的政治決策：比如柏林圍牆的興建，讓孩子無法再接觸到生活在圍牆另一邊的親人；
- 戰爭的逃難；
- 托嬰中心、幼稚園和小學裡不完善的照顧方案；

- 父母認為，孩子已經夠大而應該獨立的想法：例如，過早讓孩子獨自一人就寢；
- 父母的心理受到創傷，而無法在必要的時候，給予孩子情緒上的撫慰；
- 早產：即使現代醫療十分進步，已能使巴掌大的早產兒存活下來，但我們其實不該低估，這些發展尚未成熟的小生命一出世就必須仰賴科學儀器維生，必須離開母親的懷抱數週或數月，對他們的情緒發展會造成什麼影響；
- 父母曾嘗試墮胎：儘管父母後來改變把孩子拿掉的打算，並對這個意圖感到懊悔，而且後來也很疼愛這個孩子，但這些都無法改變他們「曾嘗試墮胎」的意圖，對這個孩子所造成的影響。

案例

J先生因為恐慌症發作而來我這裡接受心理治療。

他雖然已在柏林生活了十五年，但始終都想離開這座城市，只是不知究竟該搬去哪裡。儘管他相當有才能，卻無法運用這些能力而讓自己有所成就。當他向我敘述他的情況時，還察覺到腹內的橫膈膜處於緊繃狀態。其實他一輩子都受到橫膈膜緊繃的困擾。

我請他放鬆心情，任由這種肌肉緊繃現象自由發展，並跟隨自己所出現的內在衝動。很快地，他便躺在地板上蜷縮著身體，並絕望地描述自己的感受：「我沒有自由的空間。我根本無法自由隨興地發展。」

孩子會因為主要關係人中斷和他們的接觸而認為：「我不值得有人和我保持接觸。」他們承受的痛苦就此鬱積在心底，後來還讓他們覺得，跟別人建立良好的關係是件很吃力的事。

接下來的例子告訴我們，接觸中斷會造成哪些後果：蘇格蘭精神分析學家暨社會工作者詹姆士・羅伯森（James Robertson）曾在一九五〇年代初期，針對一些突然和母親分離好幾天的幼兒進行觀察與研究，並為他們拍下影片，作為影像紀錄。其中有一名十七個月大、名叫約翰的男孩，曾被送到一家二十四小時營業的托嬰中心裡。當時所拍攝的影像資料顯示，這個孩子的性情一天天地改變。他母親在九天後，前來托嬰中心把他接走，但他那時卻因為對母親感到恐懼，而試著避開她，拒絕和她有身體接觸。

二、羞辱別人。

凡是自覺渺小且無足輕重的人，會覺得其他所有的人都很厲害、很強大、很漂亮、很有成就，或很幸運。為了讓自己「覺得」可以和別人平起平坐，他們會設法讓對方感到羞愧，也就是讓對方覺得自己不重要、不優秀，或不如別人。此外，為了讓自己迴避本身的羞愧，他們還將自身的羞愧轉嫁到別人身上。

羞辱別人無疑是一種轉移力量（Kräfte zu verschieben）的嘗試，而且大多在無意識狀態下進行。這種做法其實隱含著某些對自己有利的優點：

- 羞辱別人可以讓我們獲得行動力，我們神經系統的交感神經也因而活躍起來。因此我們很快便覺得，自己比羞愧時（在副交感神經的作用下）的委靡不振更加強大，也更有力量。
- 羞辱別人可以讓我們陶醉在自我的價值和做人的尊嚴都獲得提升的錯覺裡。
- 羞辱別人隱含著對方承認不如我們的可能性：「是啊，你是對的。我實在不如你。」

• 羞辱別人可以讓我們避免內省所帶來的痛苦。這麼一來，我們不僅不會意識到自己的羞愧，反而還可以聚焦於別人的慚愧與自卑。

以下這段節錄自法國男同性戀作家愛德華・路易（Edouard Louis）自傳體小說《跟艾迪了結》（En finir avec Eddy Bellegueule）的內容，便清楚顯示出羞愧轉移的運作方式：「那時我大概在唸九年級，不久就要從初級中學畢業。我們班上有個看起來比我還女性化的男同學，綽號叫『娘娘腔』。他從不和我交談，也不想分擔我因為女性化而受到的恥辱，所以我很討厭他。不過除了怨恨以外，我還覺得自己和他之間存在著某種連結，那其實是一種終於知道有人與自己同屬一類的喜悅……

某天，他在教室外的走廊四處叫嚷，當時我因為那裡有許多同學聚集，便叫他『快閉嘴，你這個娘娘腔同性戀！』霎時間所有同學都笑了起來。他們先看著他，然後又轉頭注視我。這一次我總算在校舍的走廊上當著大家的面，把我因為女性化傾向所承受的恥辱，轉移到他身上了！」

・藉由負面用語而使人感到羞愧

在親子關係裡，存在著巨大的權力落差。當父母以「你很懶惰」、「你愛撒謊」、「你就是一事無成」來數落孩子的性格時，這些言語在孩子身上所產生的負面作用，已遠遠勝過在成年人身上。就連父母對事情的詮釋，也會對孩子造成影響：「你這麼做擺明是要讓我生氣！」「每次我想休息時，你就來煩我！」或「你只想操控我！」

・藉由取笑而使人感到羞愧

孩子會出現恐懼的情緒。他們相信，妖怪就躲在櫥櫃裡或床鋪下。孩子也相信魔法的存在，這些並不是什麼不正常的思維。

孩子如果被情緒放鬆的成年人擁抱，並獲得他們的理解和同情，便能逐漸學會把自己的幻想和外在的現實區分開來。但實際發生的情況卻往往相反：我們通常會嘲笑或辱罵孩子所產生的恐懼，會將他們單獨撇下，或甚至再次激起他們的恐懼。這麼一來，他們那些具有幻想性的觀念便繼續影響他們成年後的生活。

・藉由批評和責備而使人感到羞愧

「你的房間看起來又像……」父母這種對孩子反覆再三、暗指孩子犯錯的批評，還會隨著他們的侮辱和責罵而變得更為強烈。大人拉高嗓門（威脅性動作）可以使孩子屈服（使其平靜下來的方法）或展開反抗，至於大人的責備則有可能讓孩子受到全盤的否定。

案例

D小姐是一九四〇年代出生的非婚生子女，她在孩提時期曾多次聽到母親對她抱怨：「妳毀了我的人生！」這句話聽起來，好像D小姐是自己要來到這個世界上似的。她向我求助時，已經七十幾歲，她從童年開始，就始終活在母親這句話的陰影下。

美國兒童精神醫學專家麥可・路易士（Michael Lewis）曾指出，當兒童看到父母嫌惡他們的臉部表情，其實有助於他們的社會化，只不過父母在擺出這種表情時，往往沒有意識到它對孩子所產生的社會化效應。

練習 5 我如何讓自己和別人感到羞愧？

你將在這項練習裡意識到，你如何、而且為何感到羞愧？你如何、而且為何羞辱別人？當你在進行這項練習時，請仔細觀察自己的情況：

- 你會拿自己或別人開玩笑，或者，你會以看似十分友善，但卻令人很受傷的方式來取笑別人嗎？你會出言諷刺別人嗎？你是如何草率馬虎地對待自己和對待別人的？
- 你對自己和別人懷有哪些既定的成見？
- 你是否對自己有負面評價？你是否會說別人的壞話，並試圖說服大家接受你對這個人的負面認知？
- 你會不遵守和別人的約定嗎？
- 你和別人約好時間見面後，會遲到嗎？
- 你是否「有時」會忘記完成應該完成的事情，而讓自己或別人承擔相關的後果？
- 你是否會在閒談聊天時，「不小心」把祕密講出來？

• 你是否會以斷絕友誼或彼此關係的方式來威脅別人？

請留意，你在當下的此時此刻打算為自己辯解什麼。你可以請求和自己親近的人給予自己一些意見的回饋，這將對你有所幫助。所以，請你撥出一點兒時間，聽取那些你確信可以同理自己的人所給予的意見。也請你留意：你是否為了躲避令自己感到難堪的羞愧，而將自身的羞愧轉嫁到別人身上？

練習 6 我從暴力中學到什麼？

1 請你回想自己以往曾遭遇的某個暴力經驗，以及最先浮現在你腦海裡的印象，或許你還記得其中的一些細節，例如：發生的季節、日期或當時瀰漫在空氣裡的氣味。此時你只要察覺，自己的身體出現哪些些微的變化（比如腹部收縮、心跳加速或手部冒汗）就可以了，並不需要深入探索這個暴力經驗。

2 請你自問，可以從這些身體反應裡，獲得哪些至今仍對你產生影響的信息？這個暴力經驗讓你獲得哪些自我認知？

3 當你仔細思考自己對上述這兩個問題所回答的內容時，是否增進了某些對自己和人生的認知？

4 請你再回想一下，自己有哪些和暴力相反的經驗。這些經驗是否讓你獲得不一樣的自我認知，而且不同於先前那個受到暴力經驗影響的自我圖像？

5 當你又獲得不同的自我認知時，是否發現自我圖像發生了什麼轉變？

請逐一寫下自己對於以上這五點的回答。

三、剝奪他人的權利。

當我們要剝奪某人的權利時，就會口出惡言讓他知道：「你是個差勁的人！」因為，我們對他的貶抑可以使他俯首聽命，進而讓我們更便於糟蹋他和剝削他。這種剝奪別人權利的機制，聽起來很像黑道幫派會採用的方法，但這其實普遍存在於社會的各個角落，並不限於人口販子和賣淫集團。

人類的近代史並不存在「邊緣化」的問題，更確切地說，是不存在「個人邊緣化」的問題。因為，人類一旦發現在規模較大的社群裡比較容易存活下來時，就會聚居在一起，並採取共同的行動。放牧草場的取得和動物的捕獵，都取決於社群規模，這種生存現象便衍生出「我們」和「你們」這些人類最初的社群意識：只有「我們」才歸屬於「我們的」社群，而「你們」則被排除在外。

覺得自己被社會排擠的邊緣人，現今由於國籍、居留權、工作許可等諸多限制，已無法再像古代的先祖那樣，可以透過遷徙而在他鄉異地開闢新的牧場，重新找到生存的立足點。他們必須留在自己的出生地，而且清楚體驗到自身的權利受到剝奪，這等於是讓自己的身分認同受到持續性攻擊。這些社會邊緣者每天都可以察覺到，自己比鄰居或居住於其他城區的人更卑微，更沒有權利，並受到更多限制。

邊緣化可以歸因於人們想法中的偏見、輕蔑的言詞，以及對別人的羞辱。國家內部的主流族群可以得到官方的支持和協助，至於「被邊緣化的族群」則被排拒在外，並被歧視。一旦「被邊緣化的族群」所遭受的權利剝奪達到某種程度時，勢必會面臨官方的漠視，或甚至由官方所主導的暴力攻擊，最後甚至有可能演變成種族屠殺的悲劇！

權利的剝奪猶如恐怖片的場景，而人類其實已經歷過無數次！就兩性平權來說，歐洲歷史最悠久的幾所大學雖早在十二世紀便已成立，但西方女性卻遲至二十世紀初期才擁有入學資格，而後又過了十幾年，也就是一九一八年，她們才擁有選舉權。但時至今日，婦女在職場上仍無法和男性同工同酬，也甚少獲得和男性同等的機會，進入組織或企業的董事會，或在政黨中擔任要職。近來，「女人的地球」（Terre des Femmes）這個非營利性質的婦女權益組織，曾進行一項關於男女薪資落差的實驗性研究：研究人員讓一群跨性別者在申請同一職位的面談時，分別扮演男性和女性一次。實驗結果顯示，女性在面談時所談得的薪酬低於男性。5

我們至今（二〇一八年夏天）仍在討論「第三性」這個概念。對那些天生沒有明確的男性或女性性別特徵的孩子來說，「適應」人類社會固有的性別分類，是他們在生活中必須一再面對的課題。他們因為不屬於男女這兩種性別，而被社會視為病態，且至今仍沒有決定自身性別的自主權。最近，西德廣播公司（WDR）就曾針對這個主題拍製紀錄片。6

猶太人在德國納粹時期所遭受種種權利的剝奪，正是人類權利如何受到剝奪的極端例子。如今，我們可以在從前猶太中產階級聚居的柏林高級住宅區「巴伐利亞社區」

裡，看到一塊紀念碑，上面刻著這樣的內容：「柏林昔日曾豎立著八十個反猶告示牌，例如：

- 猶太人曾被迫將自己的猶太名字改為日耳曼名字。
- 猶太醫生曾突然被禁止執業。
- 電影院、戲劇院、歌劇院和音樂廳曾禁止猶太人進入。
- 在公共交通工具和公開場所裡，猶太人只能坐在漆成黃色的座位上。
- 猶太人曾被禁止在旺湖（Wannsee）[7]游泳。
- 執政當局曾將猶太人趕離他們的住家，卻未告知任何理由。
- 和猶太人發生性行為的日耳曼人，曾被處以監禁的刑罰。

---

5 請上YouTube觀看該組織為這項實驗所拍攝的影片《性別決定薪資高低的實驗》(Gender Pay Gap Experiment)。網址：https://www.youtube.com/watch?v=JZZ8VDgjw34

6 記錄片為《男孩或女孩：為什麼性別不只兩種？》(Junge oder Mädchen? Warum es mehr als zwei Geschlechter gibt.) 網址：https://www1.wdr.de/mediathek/video/sendungen/quarks-und-co/video-junge-oder-maedchen-warum-es-mehr-als-zwei-geschlechter-gibt--100.html

7 譯註：旺湖是柏林市西方的大型內陸湖泊，也是市民休閒遊憩的熱門景點。

這些告示牌的內容讓我們想到，猶太人曾在各個生活領域裡，被硬生生地剝奪權利。」

被視為社會害蟲，且必須承受公眾憤怒和政府專制暴行的人們，會陷入身心衰頹狀態，而後可能放棄抗爭，逆來順受地面對施暴者。德國知名作家及心理治療師提爾・巴斯提安（Till Bastian）曾在他的著作《羞愧與愛看熱鬧，權力與無能為力》（Scham und Schaulust, Macht und Ohnmacht）中寫道：「德國納粹不只唾罵他們的敵人是『屎糞』，而且還對此深信不疑。我們經常可以讀到和德國納粹有關的描述。比方說，他們經常在非開放式的公共浴室裡，以殺蟲劑集體毒害他們的敵人，如此殘酷的做法似乎並非偶然！這種羞辱無助的受害者的儀式性行為，往往以強迫受害者接受已被污名化的角色為目標……這種充斥著羞辱的儀式性行為的目的，就是要癱瘓受害者本能的反抗。」

世界各國的少數族群都遭受權利的剝奪，比如緬甸的羅興亞人、孟加拉的伊斯蘭教徒，以及中國新疆的維吾爾人等。那麼，我們是以何種方式看待國內的外來移民，以及那些已歸化為我國國籍的移民後代？我們看待移民族群的方式，又會產生什麼效應？在我看來，我們對外來移民的態度其實非常不友善，甚至帶有暴力性。

練習 7　我的尊嚴不容侵犯！

德國基本法第一條：「人之尊嚴不可受到侵犯……」在這裡「人之尊嚴」的意思是指，任何人不論其家庭背景、性別或年齡等，都具有同等的價值。

1　閱讀完以上的文字後，請稍微沉澱、思考：不論你的家庭背景、性別、年齡或任何其他的特徵，你都和其他所有的人具有同等價值。

2　當你認為自己和其他所有的人都不相上下時，心裡有何感受？換句話說，既沒有人比你更高貴、更優秀或更重要，也沒有人比你更卑微、更差勁或更無足輕重，而且你自己這個十分獨特的生命也不該受到侵犯。

3　當你在閱讀德國基本法第一條時，請注意它的現在式動詞時態。這個法條的動詞時態既不是過去式，也不是未來式，所以它不會出現像「人之尊嚴曾經不可受到侵犯」，或「人之尊嚴將不可受到侵犯」這樣的文字。

如果你本來就一直享有做人的尊嚴，你有何感覺？如果你將來不論發生了什麼事，不論是否有所成就，不論該成就是否已獲得認可或將獲得認可，不論從前曾受到或未來將受到什麼樣的對待，都可以享有做人的尊嚴，那麼，你內心有何感受？

4 現在你的呼吸發生了什麼變化？你的身體發生了什麼變化？你出現了哪些內在衝動？整體而言，你體驗到什麼？

5 請給自己片刻的時間，並讓以上的問題以及你的回答，可以在你身上產生效應。

6 請想像一下，自己以這種態度走向外面的世界，並與人打交道。此時，你對這個世界會有什麼體驗？這個世界會如何回應你？你的伴侶、同事、老闆、鄰居、孩子、父母和顧客又會如何回應你？

7 當你以這種態度說話時，你的聲音聽起來如何？當你碰到別人時，你會跟他們說什麼？

8 當你察覺到自己的轉變時，這些轉變讓你覺得如何？

9 當你因此而對自己有新的體驗時，你對自己有什麼看法？你現在擁有什麼樣的自我圖像？請你環顧四周。請問，你在此刻對自己最親近的人有什麼感覺？他們是否也有所轉變？

情緒的控制與調節

在慣性羞愧的形成和發展裡，我們的神經系統始終扮演重要的角色：我們可以藉由神經系統來維持和調節本身所出現的強烈感覺，而不一定要運用某些生存策略。「調節」這個動詞，就是對事物進行調整，而使其達到平衡。調節是一種能力，比方說，調節可以讓我們在一陣激動或興奮過後，重新平靜下來，或讓我們從放鬆狀態進入亢奮狀態，或使我們在與伴侶親近和親密的狀態中，產生性衝動。

舉例來說，當你突然聽到「砰」的一聲巨響時，你的神經系統就會迅速做出回應：你會立刻張大眼睛、體內會分泌相關的荷爾蒙，心跳會加速，或許雙手還會抱住自己的頭部。你會快速地察看四周，是否有任何危險會威脅你的生命安全。然後你才發現，原來是門被一陣強風吹動而突然關上。接下來，你便馬上或逐漸讓自己再度平靜下來。

我們的神經系統會回應我們內在和外在所有的改變。當我們飢腸轆轆時，神經系統本身的調節，會讓我們不至於因為飢餓而感到不耐煩、情緒不穩定，或甚至出現攻擊行為。當我們察覺到自身的性慾時，我們的自我調節，會讓我們把性慾往後遞延到適當的時間點，而不是一定得在工作時間立即獲得滿足，舉例來說，觀看色情圖片或影片，或以眼神、言語或行為騷擾別人。

自我調節的意義就在於，我們即使因為工作或任何因素而處於高度緊張的狀態下，夜晚依然能擁有良好的睡眠品質。自我調節可以讓我們維持各種不同的活躍狀態。雖然羞愧普遍阻礙了我們的情緒表達，但我們內在調節羞愧的能力，卻可以讓我們充分經歷自身正面和負面的情緒。

專攻幼兒研究的兒童青少年精神科醫師丹尼爾・史登（Daniel Stern）曾指出：「我們生來就會干預彼此的神經系統。」這句話意味著：「我們只能讓自己涉入別人的神經系統裡，除此之外，別無選擇。」由於幼兒還不具備自我調節的能力，所以這方面必須由他們的主要關係人，也就是主要照顧者代為處理。第一〇五頁的圖5，正說明了幼兒的主要關係人如何調節幼兒的情緒。

幼兒就在自身與主要關係人所建立的關係框架裡，學會自我調節。所謂的「共同調節」，就是主要關係人透過回應幼兒，而協助其進行自我調節，這是因為幼兒的神經系統仍發育不全，需要和別人「合作」才能進行自我調節。實際上，我們只有在生命初期經歷

圖 5　幼兒如何經由共同調節，而逐漸學會自我調節

1

幼兒透過哭、笑、叫喊或顫抖，來表達本身的需求或情緒。

2

幼兒的主要關係人「感受到」幼兒這些自我表達背後的動機之後，便用言語把它們轉介出來，並採取相應的行動。

比方說，當幼兒哭鬧時，母親會看著他們，模仿他們的表情，並對他們說：「喔，你哪裡不舒服？我們來看看，你到底怎麼了？」之後母親便滿足幼兒的需求，或許還會安慰他們。

母親透過自身的回應來告訴幼兒，他們的感受已獲得理解，而且他們並不孤單。

3

幼兒的主要關係人回應幼兒的方式，就是把幼兒的需求或情緒「反映出來」（也就是對幼兒的一舉一動的「鏡像反映」）。

幼兒因為受到主要關係人的關注和安慰而安靜下來，他們的需求或情緒也因而獲得調節。

過這種「共同調節」，我們的神經系統才具有自我調節的能力。

那麼，幼兒羞愧情緒的調節又是什麼情況呢？母親離開幼兒的視線範圍後，幼兒便開始期待母親能帶著「眼神閃耀光芒的喜悅」再次出現在他們身邊。如果母親再度出現時沒有展現喜悅的神情，他們就會陷入羞愧的情緒裡。此時孩子的消沉反應會讓母親受到驚嚇，而增強了她們的交感神經的運作。於是她們便立刻調整自己，開始關注孩子，孩子的羞愧情緒也隨著母親的正面回應而獲得調節。

此外，母親在懷孕期間所碰到的問題，也會阻礙胎兒出生後的自我調節。因為產前檢查的結果往往讓孕婦焦慮不安，增加她們的心理負擔。由此可見，產檢的錯誤診斷或預測，可能對孕婦的心理造成嚴重的後果。

案例

M小姐在懷孕期間接受產檢時，曾被醫師告知，腹中的胎兒可能是個智障兒。

得知消息後，M小姐十分震驚，她認為這個患有心智障礙的孩子在出生後，可能會對她的生活、婚姻以及其他的兒女造成一些負面的影響，因此在情感上也與腹中的胎兒相當疏離。後來她雖然產下健康的小寶寶，但M小姐在接受心理治療之前，她和這個孩子的關係始終不太對勁。

近年來，德國新生兒以剖腹方式出生的比率已接近三分之一。當他們出生時，接受剖腹手術而麻醉尚未消退的母親還無法擁抱他們，因此，母親的懷抱對他們來說，已不再是自身所亟需的安全處所。這些新生兒因為失去對母體的「原初信賴」，而以「精神解離狀態」來回應這種衝突。

幼兒本身的（無法從外表觀察到的）生理障礙，也會妨害他們的自我調節，例如代謝性疾病、過敏、器官功能的衰退、心臟瓣膜的缺損或異常。其中幼兒的過敏反應會嚴重阻礙他們的自我調節，而且不容易被診斷出來。

隨著年齡的增長，兒童和青少年仍會碰到令自己不知所措的情況，比如荷爾蒙飆升的青春期。青春期的孩子會出現不同的體味，腋下、陰部和臉部這些原本無毛的部位會突然長出毛髮；男孩睡醒時，發現褲子因為夢遺而溼了一塊，女孩則發現自己的乳房漸漸變大。光是身體的變化就足以讓他們陷入高度的不確定性，至於情緒的變化就更不用說了！

如果兒童或青少年出現這些改變，而他們的主要關係人卻無法以同情，或以不令其害羞、難為情的方式來安撫他們不穩定的情緒，他們就會一直停留在情緒失調的狀態。他們的體態會向內收縮，體內的代謝作用會降低，好讓自身可以「固著」在這種令自己感到羞愧和焦慮的狀態裡。這麼一來，他們就不會走到外界被別人看見，別人也不會察覺到他們的存在。

這些年輕人後來很可能一輩子都必須辛苦地適應環境。他們覺得自己虛弱無力、緊張不安，既無法勝任學校課業，能力也比不上同儕。他們在成年後，仍長期處於壓力狀態，不斷感受到內心的惶恐，卻無法擺脫這種困境。他們長期覺得不舒服，並受到失眠的困擾，這一切都顯示，他們一直停留在亢奮狀態，無法讓自己「放鬆下來」。

後來他們或許會試著透過靜坐冥想或放鬆練習，而讓自己平靜下來，或從事競技運動以減緩緊張的情緒。醫生無法為他們找到生理病因，談話治療也對他們毫無療效，只有酒精或藥物可以讓他們獲得暫時的紓解。這些無法帶來真正助益的諸多嘗試，反而強化了他們對自己的負面想法：「我這個人有病！我根本就不正常！」

練習 8 接受他人安慰所帶給我的影響

1 請你回想一下，現在有哪個人讓你覺得很安全，並能受到他的呵護。你可以向誰傾吐心事？當你感到哀傷和痛苦時，可以向誰求助？誰願意分擔你的哀傷和痛苦？你覺得誰可以了解你？

- 當你似乎想不出目前有誰會如此支持和了解自己時，那麼，請你再回想一下，從前是否曾有這樣的人選。不用急，慢慢來！有時你需要一些時間，才有辦法回想起某位曾讓你可以依偎在他身邊的人。你至今還可以感覺到誰的體溫和心跳？是否有人曾願意讓你鑽進他的被窩裡？
- 或者，你曾希望自己可以依偎誰、仰仗誰？你曾希望自己可以感受到誰的保護？
- 如果你實在無法想起曾經有這麼一位愛護和了解自己的人，那麼，請你自行假想有一個可以讓自己倚靠和放鬆的人，他不僅能讓你覺得很柔弱，也能讓你覺得很安全，能感受到他的關愛。

2 請你察覺，這些回憶或想像帶給你哪些不同的體驗？請你注意自身朝著放鬆和熱情所發展的一切。

3 當你獲得這些正面的感受時，心裡覺得如何？請你留意，自己確實可以獲得這些感受。

4 你可以獲得正面的感受，這件事帶給你什麼樣的自我認知？

5 請你從這些正面的感受裡，凝聚出一幅象徵自己目前狀態的圖像。然後請你把這幅圖像畫出來，並把它掛在自己每天一定會瞥見它好幾次的地方。

示弱，是求生的法則

我在這裡要再次強調，慣性羞愧所概述的羞愧，其複雜的形成過程，正是一種確保個體得以在生理和社會層面存活下來的策略。我們如果成長在長期受到生存威脅的氛圍裡，就會試著用自身的羞愧（姿勢）來緩和周遭之人對我們的敵意，因此，我們的身體就會呈現收縮的、代表屈服的負疚姿勢。

支持演化論的美國人類學家丹尼爾．費斯勒（Daniel Fessler）曾在一項研究中，比較人類的自我貶抑以及黑猩猩屈服社群領導者的行為。他表示，「屈服的姿勢就是在降低自己所承受的敵意，並向社群領導者表示，自己在社群階級裡，願意依附並從屬於他們。屈服者傳達自身願意服從的意願，便是嘗試解除社群領導者對自己的攻擊……」

當父母受苦時，孩子便難以允許自己過得更好，甚至經常將父母的痛苦歸咎於自己：「媽媽現在的情況很糟，因為我是個壞孩子。」孩子會因此而減少自我的表達，並隱藏自己，他們不是隱藏有形的身體，就是（舉例來說）隱藏情緒。他們的呼吸急促短淺，在家裡還會畏畏縮縮地踮著腳尖走路，深怕驚擾其他的家人。孩子如果成長在因為自身的活躍性、自我表達或自我展現而會受到處罰的負面氛圍裡，他們的不安就會讓他們更容易順從別人。

羞愧者不僅不會抗議，反而還會贊同對方對自己的羞辱，並以這種方式接受對方不友善的觀點。他們這種屈服的行為等於在告訴對方：「你是對的！」「我的確太吵鬧了！」「我給你添麻煩了！」「我打擾你了！」羞愧者的屈服反應有若干「好處」。因為，這些反應既可以幫助他們擺脫自身的需求，也可以讓他們產生自己和對方很親近的錯覺。

案例

要不是I先生的妻子一直對他發牢騷，不然他覺得自己過得其實還不錯。即使已接受多次心理治療，他仍試圖成為他認為妻子希望他成為的模樣。

後來他才恍然大悟，原來他的心理癥結就在於，自己已無法忍受滿腹牢騷的妻子。他曾提到，「她如果過得不好，我就高興不起來。」

我們不妨想想胎兒在母體裡的狀態：在子宮裡生長發育的小生命，根本沒有能力保護自己，免於受到外界不利的影響。他們既無法戰鬥，也無法逃離，因此，只能利用自身的收縮衝動：畢竟讓自己擺脫外力衝撞、以毛線棒針戳刺或潑灑化學藥品侵蝕的最佳方式，就是把身體蜷縮、隱藏起來，並降低體內的代謝作用。由於胎兒還未長出肌肉，因此，只能透過結締組織將自己蜷縮起來。

練習 9 羞愧如何讓我受益？

1 請舉出自己為了避免羞愧感而出現的某種羞愧反應，這個反應可以是你曾經採取或放棄的行為。比方說：

- 雖然你面對對方提出要求時毫無準備，但你卻不會拒絕對方。
- 雖然你應該抗議自己所面臨的情況，但你只是保持沉默。
- 或者，當爭執發生時，雖然你是有理的那一方，但你卻退縮不前，沒有據理力爭。

請以條列重點的方式，寫下自己當時的羞愧反應。

2 請你問自己，你的羞愧反應曾如何幫助你生存下來？你認為，羞愧反應在何種情況下，確實有其必要性？

3 你在一一回答以上的問題後，請再問自己，當你依照自己的感覺而做出反應，不論是拒絕對方、反擊對方或表現出自我負責的態度，會發生什麼情況？

4 接下來，請你重新面對當前的情況，並問自己：當你依照自己的感覺而做出反應時，會發生什麼情況？什麼是可能發生的、最糟糕的情況？當最糟糕的情況果真發生時，你會承受什麼樣的後果？

5 當你有這樣的認知時，心裡覺得如何？

6 請寫下以上這些問題的答案，並再次留意你的內心發生了哪些變化？你比以前更退縮，或更能敞開自己？也請你寫下這方面的自我觀察。

練習 10 讓自己停留在此時此地

如果你現在感到難為情、自卑、愧疚，這大多是你在情緒上對某件往事的回憶所致。迅速脫離這類情緒的方法，便是讓自己坐下，讓雙腳確實地接觸地面或地板，並讓自己安於此時此地，而後再以這種姿勢和心態感受從前的羞愧所帶給你的壓迫。

請你察覺自己坐的那張椅子，以及腳下的地板。有些人會透過擰捏自己的手臂或身體，來幫助自己專注於此時此地。或者，你也可以四處張望，找出某個讓自己感覺很棒、讓自己的心思可以定錨停留的物件，像是桌上的花瓶、窗外的景色，或那張可以支撐自己的上半身、讓自己向後倒的椅子。然後請你用現在的目光，察看自己當前的情況。

練習⑪ 羞愧與尊嚴（第一部分）

你也可以透過身體姿勢的調整，而中斷羞愧的惡性循環。這裡有一個很簡單的練習，無論在何時何地，就連購物、上班或搭乘地鐵的時候，你都可以做這項練習。

1 請挺身站好，並把注意力轉向自己的內心狀態。

2 你一察覺自己目前的羞愧狀態時，身體就會出現某些羞愧姿勢：你會低著頭，視線朝下，肩膀下垂並向前內縮。請讓自己沉浸在這種身形收縮的姿勢裡，直到你嗅聞到自己身上散發出那股羞愧的氣息。

3 請你稍稍挺直上半身，移動幅度不超過一公分，只需做出最低程度的抬升，而後請你維持這種稍微挺起、讓自己覺得比較有尊嚴的身體姿勢。請你想像自己是一株為了接收更多陽光而向外伸展的蕨類植物。請問，這樣的想像為你帶來更好或更壞的感覺？

4 然後，你發生了什麼改變？你現在如何察覺自己？當你重新挺直頸部時，不論它抬升多少，都會帶動你的脊椎骨和骨盆，並改變你的站立姿勢。你是否能察覺身體這些部位此時所出現的連動性？

5 當你以這種挺直的身體姿勢生活時，覺得如何？請你用一個概念或形容詞來形容自己的感覺。

6 現在請你留意，自己是變得比以前更緊繃，還是更放鬆、更平靜，又或更有活力？自己的體驗變得更狹隘，還是更寬廣？此外，你察覺到周遭的氛圍變得比較沉靜，或比較混亂？

你只要把自己的身體稍稍挺起即可，而且不需超過一公分。讓身體稍做伸展，可以讓你擁有自豪的身體姿勢，但還算是有尊嚴的姿勢。

當你對這項練習已經有經驗時，也可以採坐姿來完成這個自我探索。不過，一開始還是以站姿練習會比較容易。

那麼，我們是否應該以鍛鍊肌肉的方式來訓練自己維持挺直的體態呢？答案是否定的，因為，毫不費力地挺直身體，才會出現自然的體態。如果我們努力讓自己適應不利於身心健康的環境，不僅會扭曲自己的心理，也會扭曲自己的身體。當我們刻意透過某種動作而讓身體更挺直時，等於是透過另一種扭曲來對抗原有的扭曲。其實只要讓自己擺脫慣性羞愧，我們的身體便可以輕輕鬆鬆地自然挺直。

請你盡可能多做這項練習，就連在走路時也可以練習，這麼一來，你的身體姿勢便會成為自己內在的指南針。一旦你在摸索中又掉入羞愧的陷阱時，便能更快注意到自己的情況，並立刻意識到，應該著手探索自身羞愧反應的原因。

慣性羞愧是惡性循環

不論是因為某種感覺、回憶、氣味或某人的言詞，當我們對有意識或無意識的羞愧感所做出的反應時，就是會突然掉入羞愧的陷阱裡，我們的羞愧感受和負面的自我批判會強烈地相互激盪，使自己處於高漲的情緒裡。

羞愧者會自卑退縮，不再跟別人往來（往往也不再跟自己對話）。當他們自絕於人群之外而孤獨地過生活時，便缺乏人際接觸。然而人際交流與接觸，包括看著自己信賴的人

圖 6　羞愧惡性循環的運作模式

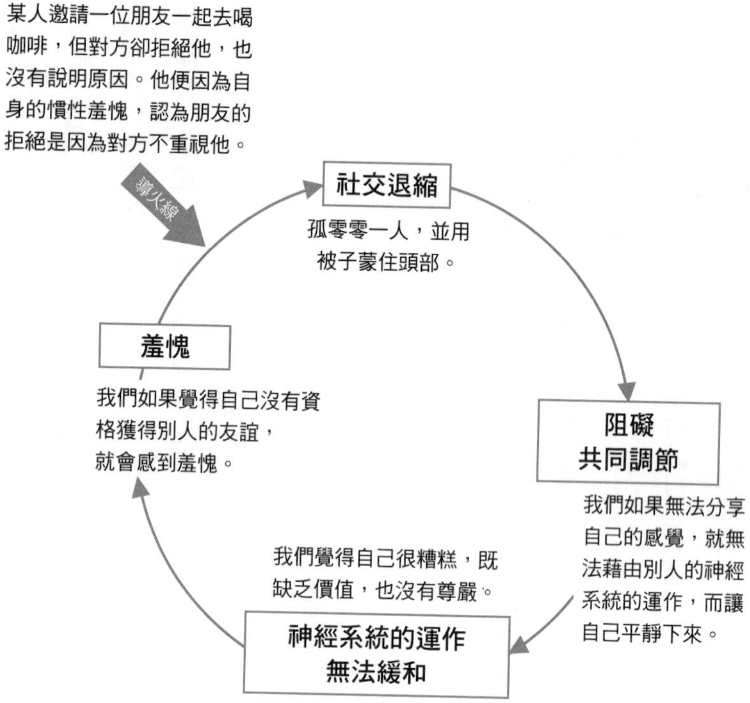

某人邀請一位朋友一起去喝咖啡，但對方卻拒絕他，也沒有說明原因。他便因為自身的慣性羞愧，認為朋友的拒絕是因為對方不重視他。
導火線
社交退縮
孤零零一人，並用被子蒙住頭部。
阻礙共同調節
我們如果無法分享自己的感覺，就無法藉由別人的神經系統的運作，而讓自己平靜下來。
神經系統的運作無法緩和
我們覺得自己很糟糕，既缺乏價值，也沒有尊嚴。
羞愧
我們如果覺得自己沒有資格獲得別人的友誼，就會感到羞愧。

的雙眼，並取得對方的好感、了解和同情，或甚至獲得擁抱和安慰等，有助於消除羞愧，中止這種負面情緒的惡性循環。請參考第一一八頁的圖6。

一、不敢拒絕的羞愧

我們會因為害怕失去別人對自己的好感，以及別人與我們的連結，而不敢說「不」。因此，我們不會清楚明確，而是吞吞吐吐、拐彎抹角地表達自己的想法。如此一來，我們等於也對自己發送了「我是膽小鬼」的信息，並因此覺得丟臉。在這種情況下，即使我們緊急踩煞車，也沒有足夠的力量劃清人我之間的界限，或贊同自己對別人的拒絕。

二、對「羞愧」感到羞愧

我們對自己的觀察也會讓我們看到自身的羞愧，不論這是有意識或無意識的自我認知。所以，我們會因為察覺自我羞愧而再度感到羞愧。我們清楚地知道，我們是在作踐自己。我們不僅沒有挺身維護自己的權利，還贊同那些令自己十分為難的行動，同時又為本身的為難感到羞愧。

三、因為上癮成癖而感到羞愧

羞愧實在令人難以忍受，因此，許多人便試圖透過食物、酒精、性、毒品和電腦遊戲來緩解痛苦。

當他們後來又無法承受自己的困境，而再度出現違反意願以及損害健康的行為時，他們的羞愧便隨之加深。因為，菸癮所導致的皮膚粗糙、酒癮所造成的臉部腫脹、吸食古柯鹼所產生的牙齒問題、性行為未防護所引起的性病感染，以及暴飲暴食所形成的肥胖，也會讓他們無地自容。

為了讓自己繼續撐下去，他們勢必得增強自己的癮癖，以便「降低」越來越強烈的痛苦。這正是羞愧和上癮成癖的惡性循環。

我的羞愧課題（第二部分）

請你回想一下，你在本書導論第三篇〈羞愧日記這樣寫〉裡，曾寫下哪些羞愧課題。現在，我建議你在羞愧日記裡另起一頁，寫下你在這段期間還發現自己受到其他哪些羞愧課題的困擾。為了讓你更進入情況，我在這裡再次列舉許多人經常抱怨的羞愧課題：

- 身體、體能和健康
- 家庭背景與出身的社會階層
- 當前的社經狀況
- 天賦、能力和職權
- 家庭關係和人際關係
- 性別與性徵
- 各種感覺
- 職業與成就
- 自我圖像

現在請你比較一下，在羞愧日記裡先後寫下自己所面對的羞愧課題，在內容上有何不同？當你意識到，自己其實還受到其他羞愧課題的困擾時，有哪些想法？在你繼續往下閱讀本書之前，請你把這些新的認知逐一以重點方式列出。

練習⑫ 我造成哪些羞愧的惡性循環？

請探索你的自我圖像對身體所產生的影響。

1 請說出你對自己的看法，比如「大家都不喜歡我」、「我很笨」或「別人都覺得我不好相處」，並把這些看法寫下來。

2 請坐好，把身體往後靠在椅背上，然後閉上眼睛，並留意自己的內心。請立刻記住當下的感受，好讓自己可以察覺內心接下來所發生的變化。

3 請張開雙眼，並拿起你剛才寫的那張紙，大聲而緩慢地讀出你對於自己的看法。

4 你的內心出現什麼反應？又是以何種方式呈現？請注意自己的呼吸和能量發生了什麼變化？還有，你現在是如何看待這個世界？

心理不舒服，身體也受苦

大家一定知道「氣瘋了」這句話是什麼意思。它是指我們只要一生氣，往往就無法清晰地思考。其實我們只要覺得困窘，也會陷入類似的情況。

羞愧狀態輕則讓我們沉默不語，重則讓我們感覺自己很愚蠢，甚至完全想不起任何事物。根據大腦掃描資料顯示，當我們想起出糗的狀況時，大腦的某些部位，也就是主管思考功能以及遣詞用句的語言功能部位的活動就會減緩，或完全停止。由此可見，羞愧會讓我們變笨。

此外，我們也發現丟臉、難為情對學童所造成的後果，而他們的生理反應正好可以說明，為什麼我們會習慣性地羞辱別人，而不會自我約束。

一、羞愧會致病

紐約佩斯大學心理學教授莎莉・迪克森（Sally Dickerson）曾在一項研究中證明，當我們處於羞愧反應時，體內就會增加腫瘤壞死因子-α（TNF-α）這種訊息物質的分泌。醫學專家也已證實，當人體發炎時，就會產生腫瘤壞死因子-α，因此，它也是顯示人體發炎的可靠指標。這種訊息物質會引發典型的發炎症狀，諸如發燒、腫脹、發紅和疼痛。此外，它還會抑制食慾，並增加「促腎上腺皮質激素釋放激素」（簡稱CRH）的分泌，而後這種激素又刺激了下視丘－腦下垂體－腎上腺軸（所謂的「壓力軸」）的內分泌活動，進而促使肝臟合成可以抑制身體發炎的急性期蛋白（acute-phase-protein，簡稱APP）。抑制腫瘤壞死因子-α的藥物也用於治療風濕病。

參與迪克森這項研究的受試者，在實驗中想起令他們感到愧疚自責的事情後，只經過短短十五分鐘，他們的唾液裡的腫瘤壞死因子-α便已大幅增加。此時，他們就像身體受到感染發炎一樣，會覺得很虛弱，「彷彿癱瘓一般」。

這個研究成果也符合荷蘭醫學界的一個研究結論：該研究已證明，當迷走神經受到電刺激時，人體會降低細胞激素的製造，進而緩解身體的發炎部位。因此，患有風濕性關節炎的患者，也可以經由這種方式大幅改善相關的症狀。

上述的兩項研究雖還無法證明羞愧會導致疾病的產生，但已清楚顯示，有哪些動力在人體裡運轉著。在這裡，我想根據我本身的經驗，以及我對許多個案的心理治療，做一些補充說明：擺脫羞愧的人會覺得自己的身體變得更健康舒暢，而且可以更細心、更溫柔地對待自己的身體。他們不僅消化系統獲得改善，臉部的膚色和表情以及全身的肢體語言，還散發出越來越耀眼的光采。他們顯得更活躍，更有力量和動機來進行某些事物，而且許多後續觀察還指出，他們後來會繼續維持這種狀態。

羞愧也會使身體承受巨大的壓力。一些研究顯示，當我們處於可能會讓我們害羞、怯場的場合（例如出席公開活動）時，體內荷爾蒙的平衡就會發生改變，血液中的可體松（即壓力荷爾蒙）濃度也會上升，從而導致以下的疾病：骨質疏鬆、肌肉萎縮、高血壓、糖尿病、胃潰瘍、水腫、結締組織的弱化、傷口較難癒合，以及身體脂肪的累積。

此外，我們的自我意象後來或許還會成為可應驗的自我預言。由於自我意象會影響身體的生物機轉，因此，患者如果懷著正面期待接受手術，他們的身體機能在術後的復原狀態，會遠遠優於那些懷著負面期待的開刀患者。

有些研究還證明，人們如果擁有自我關懷的生活態度，體內那些比較容易罹患心臟病、癌症和失智症的基因會相對不活躍。當我們覺得自己有價值時，自然就會自我關懷。那些如實接受和關愛自己的人，可能比那些帶著負面自我意象（比如認為：「大家應該都

圖 7　疾病形成的模式：生命能量要向外擴張，羞愧則要向內收縮，它們的交接面就會出現某些症狀。

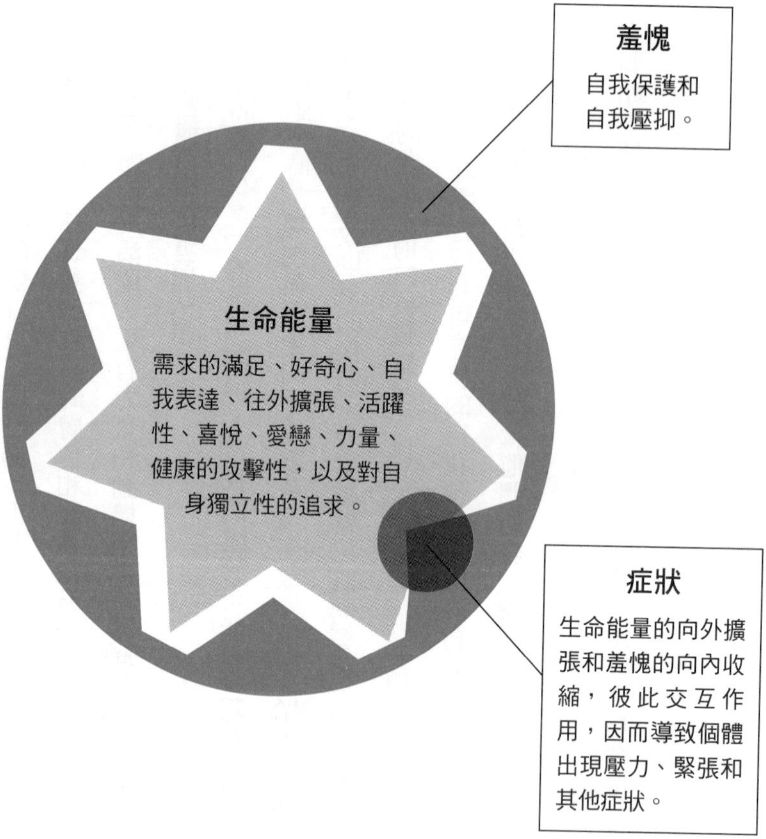
羞愧
自我保護和
自我壓抑。
生命能量
需求的滿足、好奇心、自我表達、往外擴張、活躍性、喜悅、愛戀、力量、健康的攻擊性，以及對自身獨立性的追求。
症狀
生命能量的向外擴張和羞愧的向內收縮，彼此交互作用，因而導致個體出現壓力、緊張和其他症狀。

覺得我別去比較好。」）過生活的人，更懂得體貼自己。

匈牙利裔加拿大腫瘤科醫師嘉柏．麥特（Gabor Maté）曾在他的著作《當身體說不的時候》（When the Body Says No）裡，寫下這個結論：羞愧所造成的唯一後果，正是失去說「不」的能力。麥特醫師長期為備受死亡威脅的重症患者提供醫療服務，後來他依據自己的臨床經驗而斷定，一些嚴重疾病——諸如癌症、漸凍症和多發性硬化症——的爆發，往往可以歸因於患者本身無法拒絕、無法維護自己的權利，以及無法逃離不利於自己的情況。

二、自體免疫系統會出問題

我在前面已經指出，我們在防衛衝動的自我分裂過程中，已不再對抗外來的攻擊者，而是在對抗我們自己。

二〇〇九年，曾有一項研究計畫得出以下的研究結論：孩子在成長過程中，如果造成他們心理創傷的因素有兩個或兩個以上，他們長大成人後，罹患自體免疫疾病（體內免疫系統會攻擊自身正常細胞）的可能性，會比一般人高出七〇％，而罹患風濕性疾病（也同樣與免疫系統異常有關）的可能性，則比一般人高出一倍。

三、其他的負面效應

- 慣性羞愧降低了個體的心理韌性。
- 慣性羞愧使個體覺得受到壓制，處處不如人，而且長期承受著壓力。
- 慣性羞愧者會認為，別人是完美的，而自己則有些地方不對勁。
- 慣性羞愧者會發展出一些方法，好讓自己可以逃避自身的羞愧。
- 慣性羞愧者會採取屈服的態度，對即使薪酬不佳或過低的工作仍感到滿意，而且還讓自己停留在無法真正受益，或甚至不利於自己的關係裡。
- 慣性羞愧會使人關注外界，而非自身，並盡量滿足他人，而非自身的期盼和需求。因此，慣性羞愧者的選擇可能性便因而受限。

總是覺得「我不配」

孩子在依賴主要關係人的同時，也發展出自我圖像，這對人類的生存來說，是必要且有意義的神經生物學機制。這種機制有助於孩子在他們的生長環境裡存活下來，並促使他們的主要關係人給予成長所需要的種種，以便讓孩童的身心可以達到最佳的發展。

在這個過程中，羞愧雖然決定了孩子「自身的觀點」，但這些觀點卻應該隨著狀況的改變（例如長大成人）而進行調整。可惜的是，這種理想的情況實際上很少發生。因此，孩子後來就像駕駛一輛裝設著地圖資料過舊的導航儀的汽車，穿越自己的人生。他們在開車時，處處遵從導航的指示，卻因為經常撞上建物的牆壁，而感到百思不解！

嚴格說來，要擺脫羞愧其實不困難，只要更新導航儀的地圖資料即可。既然羞愧是因為我們把錯誤資訊整合入自我圖像裡，那麼，只要能接觸真正的自己，便可以擺脫自身的羞愧。不過，我們在接觸真我時，還必須質疑自己至今的生活方式，以及體驗自己的方式，但這樣的自省通常都不容易做到。

我們之所以一直覺得自己不好、惡劣、缺乏價值，而且沒有受到平等的對待，其實大多起因於以下這三個因素的交互影響：

1. 我們出現了自我分裂，並認同負面的自我圖像。
2. 當我們出現負面的自我評斷時，身體的能量便隨之委靡不振。

圖 8　羞愧的循環：自我批判、能量委靡和身體緊繃的交互影響

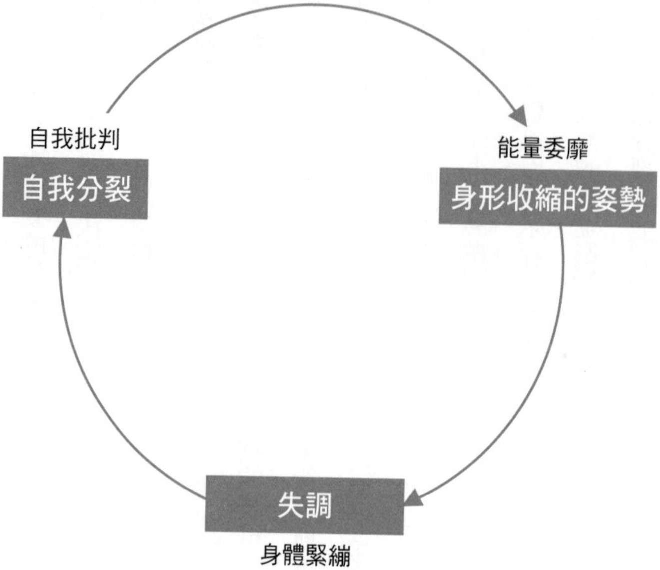

3.身體能量的委靡致使神經系統進入不穩定、不平靜的狀態，這種狀態便再度強化了負面的自我圖像。

你可以在這個羞愧的循環裡，找到以下三支可介入操作的槓桿。

一、自我批判

依據德語的文法，schämen（使感到羞愧）是反身動詞，而它的後面必須接反身代名詞，例如Ich schäme mich（意思是「我為

自己感到羞愧」，mich在這裡是反身代名詞，相當於英語的myself）。因此，Ich schäme如果沒有加上反身代名詞mich，就不是完整的德語句子。由此可見，schämen（使感到羞愧）這個反身動詞的完成取決於自己。雖然我們會受到別人的羞辱，但我們是否認同該羞辱，其實是由我們自己決定的——只要我們有反省的能力。通常我們會因為以下這六點，而讓自己持續處於羞愧狀態：

- 我們會譴責自己。
- 我們會以別人的角度來看待自己。
- 我們會贊同別人對我們的評判。
- 我們會中斷與別人的接觸，從而阻礙了以人我互動為基礎的共同調節。
- 我們不會善待自己。
- 我們會羞辱別人，因而使自己感到愧疚。

其實我們可以採取不同的態度和做法：

- 培養對自己的同理心。
- 察覺自身的需求和期盼，並以它們作為自己行事為人的依據。
- 把別人的評斷僅僅當作是他們個人的看法來看待。
- 雖然覺得害羞、內向、愧疚，但仍舊尋求和別人的接觸。
- 對待自己，就如同以尊重、體諒和關愛的方式對待自己所珍視的好友一般。
- 尊重別人，把別人視為有價值，和自己地位平等的人。

練習⓭ 為什麼我會覺得自己很糟？

1 請舉出幾個你至今仍保有的負面自我批判，並將它們一一寫在紙上。

2 請你讓身體往後靠向椅背，並給自己片刻的時間，讓自己可以專注於內心的想法。

3 請回想某一位你認為做人正直，跟你很親近，且深受你信任，或甚至十分喜愛的人。然後請你在心裡，用自己剛才寫下的那些負面自我批判來指責他，例如「你毫無價值」、「你沒有權利繼續活下去」、「你是我見過最醜的人了」或「別擔心，沒有人想跟你有瓜葛」。

4

當你在心裡指責他後，你會出現什麼感覺？請你察覺自己在各方面的反應，諸如身體、情緒、感受以及能量等不同層面。當你用這些負面的句子攻擊別人時，感覺如何？請你靜下心來，並給自己一點時間仔細探索這種情況。當你對此已確實產生某種感覺時，便可以進入下一個步驟。

5

請讓自己意識到，自己一直在用這些負面的自我批判攻擊自己。這樣的自我認知可以讓你更了解，這些負面詞語對你的心理和神經系統造成什麼影響。

6

那麼，你的身體姿勢有何改變？變得更畏首畏尾，還是坐得比較挺直？還有，你的坐姿讓你覺得比以前更費力，或是更輕鬆？

7

你現在對自己有什麼看法？你還會自責嗎？還是你已經能同理和原諒自己了？或者，你對自己感到驚恐？請如實寫下對於這些問題的回答，想到什麼就全寫下來，不需要有所增刪。

8

當你結束這場自我探索時，請想著一位對自己抱持善意的人，並讓他的目光在自己的身上起作用，直到你發覺，自己的某些部分已顯得比較正面或比較可愛為止。

二、身體姿勢

現在你已知道，羞愧姿勢起因於身體本身的「緊急煞車」所引發的能量委靡反應。不過，這樣的姿勢還有其他的功能：你只要把頭稍微向前低垂，便可以發覺，這種姿勢可以保護心臟、肺臟這些對人體存活最重要的身體器官，以及負責為腦部輸送血液的頸動脈。由此看來，羞愧也是一種自我保護的行為。

當你想像本身的防衛衝動仍不斷增強時，便可以察覺到，這種收縮的身形終究會導致自己的消失，就像「恨不得地上有洞就鑽進去」這句大家朗朗上口的話！只要不存在，就不會被看見，如此一來，就不會受到攻擊或傷害（不論是身體或情緒層面），這就是羞愧情緒真正的成因。你會憑藉這種防衛衝動來制止別人那股羞辱你、傷害你、忽視你和輕蔑你的力量。從我對個案的心理治療經驗來看，這股力量往往被案主壓制而停留在自己的肩膀上，因此，肩膀的僵硬緊繃便阻斷了人體的能量流。或許你現在就可以察覺到這一點。

請你緩慢地繼續把頭往前伸。此時你是否發現，自己的舌根、下顎和顎肌處於緊繃狀態？你也會中斷腦部和身體之間的訊息傳遞，而讓自己擺脫那些因羞愧而引起的、難受的身體反應（例如燥熱、刺痛、喪失行動力……）使自己不再察覺到這些症狀的存在。胸部和肩頸的緊繃會影響橫膈膜、骨盆底，尤其是站姿。以挺直的站姿讓雙腳踏在地上，在這裡不只是文字修辭的比喻，實際上也是讓個體與此時此地建立真正連結的方法。不過，身形收縮的羞愧姿勢會中斷這種連結。

練習 14 羞愧與尊嚴（第二部分）

1 請把注意力放在自己的內心。

2 緩慢地讓身體來回變換彎腰駝背的羞愧姿勢和抬頭挺胸的有尊嚴姿勢，同時給自己一點時間停留在每一種姿勢裡，並清楚地感覺該姿勢。

3 當你探索羞愧姿勢和尊嚴姿勢的差別時，請留意自己有哪個部位既可以進入，也可以脫離羞愧姿勢？請專注在這個部位，並讓自己對該部位有若干察覺。

4 當你意識到自己可以自然而然地從一種姿勢轉換到另一種姿勢時，心裡覺得如何？

5 請觀察自己出現了哪些相關的反應？這個新的認知讓你的內心出現了什麼變化？是

什麼讓你產生了新的認知？請給自己一些時間回答這些問題。

6 請以挺直的有尊嚴姿勢結束這項練習，慢慢把注意力拉回來。然後請環顧一下四周，並重新回到日常生活中。

三、自我調節

如果我們在幼兒時期沒有經歷與主要關係人的共同調節，我們在成年後，其實還可以學習如何自我調節。

在這裡我還要針對以上的「練習14：羞愧與尊嚴（第二部分）」這個關於自我調節的學習再做些補充說明：實際上，我們的神經系統無法分辨自身所接收的信息，究竟來自真實的世界，或來自虛構的想像世界。因此，我們在看恐怖片時，會被嚇出一身冷汗，彷彿自己身歷其境一般。同樣地，我們做惡夢時，也會驚恐地叫喊或揮舞手腳，彷彿我們的夢境就是我們在現實世界裡的經歷。由此可知，我們可以透過想像來進行自我調節。

在我們的生命中，有些人會讓我們覺得自己可以獲得他們真正的認識和理解，而且可以在他們面前如實地表現自己。每當我們想起這些人時，我們神經系統的調節功能就會轉強。

練習15 自我調節

1 請你想一想，自己的身體、所欠缺的才能，以及在身陷其中、無法自拔的情況裡，有什麼事情會讓你感到有些慚愧、害羞或是有無力感。

2 反之，請你想一想，自己的身體、所擁有的才能，以及在不斷創新突破的情況裡，有什麼地方讓你感到非常滿意。

3 請你把自己感到羞愧以及覺得滿意的事，以羅列重點的方式分別寫在兩張紙上，並在紙張上方分別寫下「羞愧」和「自由」這兩個標題，然後請把這兩張紙並排放在桌上。

4 請把身體往後靠在椅背上，並專注自己的內心，而後再把雙手分別放在這兩張紙上。

5 請仔細察覺放在「自由」那張紙的手，並專注體會身體所出現的感受，但不要思考。讓自己停留在這些感受裡，並允許它們在身體裡蔓延擴散。

6 當你已充分體驗到這些感受時，再把注意力轉向另一隻放在「羞愧」那張紙的手。

當你接觸到自己的「羞愧」時有什麼感覺？請仔細察覺，身體現在產生哪些感受。

7 只要你覺得可以忍受，就讓自己繼續停留在這些「羞愧」的感受裡。接下來，請你再把注意力轉向那隻放在「自由」那張紙的手，並再次察覺身體對此所產生的感受。

刻意讓自己在羞愧和自由之間來回擺盪，就是一種提升神經系統靈活度的自我訓練。

當你越熟悉自己的自由狀態，便越容易體驗到本身的自由狀態。

及時羞愧 V.S. 慣性羞愧

及時羞愧

- 當下立即產生的羞愧可以保護孩子免於受到過度刺激，以及無法獲得自己想要的東西而承受的傷痛。
- 當孩子的及時羞愧壓制了自身的攻擊性時，便可以確保自己與主要關係人的連結。

- 由於當下產生的羞愧強化了母親和幼兒之間的關係，因此有助於幼兒發展本身的自我圖像，以及與母親可靠的連結。
- 母親對於幼兒羞愧反應的回應，可以促進幼兒的自我調節和心理韌性。

以下這三種情況會使得孩子的羞愧轉變為慣性羞愧：

- 當孩子被羞辱或甚至受到肢體暴力，而無法獲得別人真正的了解時；
- 當孩子沒有機會體驗自身神經系統已經過調節的狀態時；
- 當向他人屈服已成為孩子確保自身的社會生存或肉體生存唯一可能的途徑時。

慣性羞愧

- 孩子會以某種方式對別人卑躬屈膝，而且身體會收縮和緊繃起來；
- 孩子會持續地自責；
- 孩子會長期處於焦慮不安的狀態；
- 孩子新發展出來的大腦區塊的活動會減緩或停止，而較早發展出來的（原始的）大腦區塊的活動則會活躍起來。

羞愧情緒的本質就是健康的自我發展。幼兒所發出的嚎哭、叫喊和笑聲的信號，可以讓身邊的人注意到他們的生理和情緒的需求。健康的自我不僅能知道自己是誰，也會明瞭和表達本身的意志。因此，自我若要得到健康的發展，便需要羞愧機制。

幼兒的羞愧增強了他們和主要關係人的連結，並以這種方式引發主要關係人對他們的一舉一動的鏡像反映，進而對他們產生同理心。主要關係人越能反映幼兒真正的狀態，幼兒便越能發展出健康的自我。

如果羞愧情緒對幼兒和孩童至關重要，那麼慣性羞愧對成年人來說，卻是一座沒有自由的監獄。因此我認為，自我發展的重要課題之一，便是要質疑和揚棄一個人為了意識的行動和能力，而自動出現的羞愧反應。

生活和生存意味著自我的擴張，這種擴張首先出現在身體層面，而後是情緒和心智層面，最後才是心靈層面。自我的擴張就是活出真正的自我。反之，長期處於自卑羞愧的狀態，就是自我的退縮，因此比較無法活出真正的自我。

第三章

探索與羞愧近似的七類情緒

羞愧並非單獨存在的情緒，畢竟我們無法像屠夫從牛隻腰部切出菲力牛排那般，把羞愧從其他的情緒中清楚地切割開來。當羞愧出現時，其他的情緒也往往隨之而來。有鑑於此，我將在本章討論與羞愧類似的情緒，並呈現羞愧和這些情緒的相似性、典型的差異性，以及雙方在相互作用後，所產生的嚴重後果。以下是一些和羞愧相似的情緒：內疚、焦慮、憤怒、憎恨、厭惡、孤單寂寞、內在的自我批判。

一、內疚

內疚和羞愧的不同之處

羞愧和內疚在乍聽之下非常相像，因此經常被相提並論。然而，羞愧和內疚卻是兩種大不相同的情緒。我們可以從左頁這張表格，清楚地看到它們的不同之處。

羞愧往往和內疚密切相關。處於慣性羞愧的人會認為，自己所造成的一切損害，恰恰證明自己是個有所欠缺、不如不存在的廢物。這些為自己的存在感到羞愧的人，還會因為自己占有生活空間、受到別人的關注，或相信自己是別人的負擔，而感到內疚。

羞愧	內疚
羞愧和「自己是誰」、「從事哪種職業」有關。	內疚和「自己的作為與不作為」有關。
副交感神經處於活躍狀態（覺得自己受到束縛，或失去行動能力）。	交感神經處於活躍狀態（覺得自己充滿活力，可以有所行動）。
羞愧者想把自己隱藏起來。	內疚者想讓大家看見自己事後所做的補償。
羞愧是種無可改變的存在。「大家無法接受我這個人。我的一切（或某些部分）其實不應該存在。」我總是這樣，而且以後也會是這樣。	內疚會因為自身的補償行為而消失。
羞愧者會遠離別人，中斷與別人的接觸，過著離群索居的生活。他們的羞愧會妨礙（和破壞）自身的家庭關係與人際關係。	內疚者會向他人求助，從而深化自己與別人的關係。
羞愧會限制思考能力，以及意識層面的行動能力。	內疚可以促進理智的運用。比方說，內疚者會自問：「我該如何彌補這一切？」
羞愧者對人我之間抱持二元對立的看法：他們認為，自己是差勁的、惡劣的、錯誤的，而別人則是美好和正確的化身。	內疚者仍保有本身的正直，因為內疚情緒讓他們意識到自己的過錯，進而能修正言行舉止。

案例

史蒂芬．克羅恩（Stephen Crohn）因為本身基因突變的緣故，天生對愛滋病毒就具有抗體，所以沒有染上愛滋病。然而他非但沒有為此感到慶幸，反而還在二〇一三年自殺身亡。

克羅恩的姊姊在弟弟過世後曾公開表示，「他心裡覺得很愧疚，因為他周遭有許多人死於愛滋病，獨獨他因為大自然的變化無常（譯按：即基因突變）而倖存下來。」這番話還清楚地顯示，我們其實很容易把羞愧和內疚混淆在一起。

如果克羅恩因為愛滋免疫力而感到愧疚，其實只要透過自身的補償行為，內疚就會消失。但實際上，愛滋免疫力讓克羅恩感到羞愧，而非感到內疚。他認為，像他這種從愛滋病倖存下來的人，是無法被周遭的愛滋病患接受的。由於他無法擺脫自我羞愧所造成的困擾，於是結束了自己的生命。

只有當我們變成另一個人時，才能「消除」本身的羞愧。但因為這是不可能的事，因此羞愧者會把自己隱藏起來，而自絕於人群之外。不過，他們的問題依然存在：那些相信可以透過本身的作為來擺脫羞愧的人，會讓自己效力於那些令自己感到羞愧的人。

這些羞愧者簡直是在犧牲自己，而且還希望透過自我犧牲來脫離自身的羞愧。然而，這種策略實在行不通，畢竟他們的（羞愧）問題就出在自己身上，但他們卻徒勞地在別人身上尋求解決之道。

案例

未消除的內疚感可能會形成慣性羞愧。H先生在童年時期不斷被父親毆打，當他前來接受我的心理治療時，我們花了許多時間討論他從前被父親家暴的經歷。

經過半年左右的摸索後，他越來越常回憶起自己曾監控、傷害和毆打別人的過往，而且他的夢境裡也越來越常出現這些經歷。當他發覺並向我坦承他的回憶和夢境裡的內容後，便觸碰到內心的懊悔和深刻的傷痛，而且開始同理自己，以及自己曾傷害過的人。

當H先生對自己坦承這一切之後，果真逐漸遠離那些具有毀滅性，且包藏著自我貶抑和自我譴責的愧疚。

在這裡也附帶提一下「難堪」。Peinlich（難堪的）是形容詞，它源自於Pein這個名詞。「一種折磨人、令人在身體和精神上覺得非常不舒服的感覺」，這是Duden德語辭典對Pein這個詞條的解釋。難堪聽起來跟羞愧差不多，但難堪卻和當事人的作為有關：某件糟糕的糗事，或某些讓自己或別人感到尷尬的言詞。由此可知，難堪和內疚的關係其實比它和羞愧的關係更為密切。

二、焦慮

焦慮和羞愧的不同之處

羞愧和焦慮在乍聽之下十分不同，但我們對這兩種情緒的感受卻很相近。首先，我們可以透過左頁這張表格來了解羞愧和焦慮有哪些不同之處。

我們的身體對羞愧和焦慮有相當類似的反應，諸如燥熱、刺痛和心跳快速，而且這兩種情緒都受到身體能量消滅的影響。身體能量的消滅會降低身體表面和四肢的血液循環，從而降低身體對疼痛的感覺，並減少受傷時大量出血所造成的危險。

羞愧和焦慮在生命的最初幾年裡，彼此息息相關，密不可分：害怕被父母毆打的孩子後來會相信，自己的挨打是應該的（這是基於本身的羞愧所致）。孩子對上學、雷雨或陰暗的地下室會感到恐懼，這是因為他們的羞愧情緒沒有充分經歷與主要關係人的共同調節。

尤其男孩經常被大人灌輸必須表現剛強勇敢，因此，男性很早便學會對自己的害怕麻木無感，或置之不理，或為此感到丟臉。但他們在長大後，卻反而因為感覺遲鈍、不懂得體貼別人而受到指責，這便讓他們對童年時期所學會的剛強勇敢感到羞愧。

羞愧	焦慮
羞愧會產生收縮身體的內在衝動。	焦慮會產生雙肩緊繃地向上聳起，朝頭部方向靠近的內在衝動。
羞愧意味著我們處於高度不安的狀態，而且會喪失行動力、聽覺或其他的感官知覺。	焦慮會讓我們處於極度緊張的狀態。此時為了確認危險之所在，並迅速做出回應，我們的感官知覺會變得十分敏銳。
羞愧者會感到鬱悶遲鈍，他們的察覺力會降低，肌肉缺乏張力，整個人委靡不振，毫無活力。	焦慮者肌肉緊繃，隨時準備展開行動。
羞愧者認為，危險存在於自己本身。（「我這個人不好！」）	焦慮者認為，危險存在於外部。
羞愧者兩眼無神，不敢正眼看人，即使與人面對面，也和對方的眼神沒有接觸。	焦慮者會張大眼睛，目光向外搜尋危險之所在。

其實成年人的焦慮也經常伴隨羞愧而出現。他們害怕被別人看見、被別人「看透」，被別人發現自己其實是個無用之人。他們會因為對自己的微不足道感到自卑，而陷入焦慮的情緒裡。

當我們對危險的處境感到焦慮時，身形畏縮的姿勢也可以讓懷有敵意的對方願意放我們一馬。此外，焦慮還能讓我們充分掩飾自身的膽怯：舉例來說，「我不敢出來創業。」這句話可能隱含著當事人自認為沒有能力創業（即羞愧）的想法。

試圖擺脫羞愧或焦慮的方法

我們會試著透過屈服、逃離和社交退縮的方式來克服自身的羞愧和焦慮，也會借助酒精、尼古丁、大麻和其他毒品來達到同樣的效果。

羞愧者會試圖美化自己，但這樣的傾向卻源自於以下的錯覺：「如果我表現得更好，或變得更好，我就不會再感到羞愧了！」即使他們讓自己更投入靈性的追求，後來的結果卻會證明，他們的努力大多是錯誤的。

和羞愧者不同的是，焦慮者會採用某些自我覺察的方法、放鬆的技巧或沉思冥想來解決自身的焦慮，或從事跳傘、賽車、高空彈跳這類活動來刺激身體大量分泌腎上腺素。後者的「放鬆」原理就在於讓自己確實知道危險的來源，並讓充滿刺激的外在事物蓋過長期的心理緊張。

找出焦慮的原因

你必須先探究自己焦慮的原因。焦慮往往起因於以下的情況：

一、因為羞愧而產生的自我批評，會讓我們的身體長期處於壓力狀態。我們如果相信自己不好，就會時常害怕被別人爆料、輕視和排斥。其實我們只要意識到自身的負面自我批判，並質疑它們，便可以獲得療癒。

二、由於我們缺乏讓自身神經系統恢復平衡的能力，因此當我們經常覺得全身緊繃時，便會把這種緊繃的感受解釋為焦慮。我們的神經系統一直在接收信息，而且不停地檢查內部和外部的信息，以便確認當前的情況是否安全。

如果我們感到惶恐不安，就會尋找可能的原因。我們傾向於往外部尋找焦慮的起因，畢竟四處都潛伏著危險，比方說，我們可能被掉落的花瓶砸死，可能被傳染某種病菌，也可能成為恐怖攻擊的犧牲品。

不過，當我們不再神經兮兮地尋找外部潛在的危險，而是回轉向內，察覺心裡的不安，並找到調節神經系統的方法時，便可以從恐懼中獲得解放。

三、我們對自身憤怒的恐懼，可能會妨害我們跟別人的連結。這也是我在下一節所要討論的主題。

三、憤怒

憤怒具有正面的意義

「我們很容易發怒，卻很難在適當的時間、以適當的方式適可而止地發怒。」早在

羞愧會改變體溫

請上網搜尋www.pnas.org/content/111/2/646，並閱讀po在網頁上的〈情緒的身體地圖〉（Bodily Maps of Emotions）這篇文章。它主要是介紹一項心理學實驗：研究人員先後讓受試者體驗悲傷、恐懼、喜悅、驚訝、愛戀、憂鬱、嫉妒和羞愧等十四種不同的情緒，並請他們描述自己對體溫變化的感受，然後再用紅外線熱像儀偵測他們全身的體溫變化。

在這篇文章的第二張說明圖（Fig. 2）裡，我們可以清楚地看到，十四個出現不同情緒的人體熱影像並排於上下兩行。下面那一行倒數第二個人像圖，就是在實驗裡出現羞愧情緒受試者所顯示的熱影像。

兩千多年前，古希臘哲學家亞里斯多德便已說出這句至理名言。

憤怒本來就存在於動物和人類的生物性裡，因為這種情緒可以讓牠（他）們抵禦外來的攻擊。當我們被別人持刀威脅或自我空間被侵犯時，憤怒便有助於我們對自己的保護。此外，憤怒也有助於我們確保本身的存活：舉例來說，飢餓的人為了充饑，會透過本身那股從憤怒發展而來的暴力來奪取別人的食物。

幼兒會透過哭泣來表達自身的需求。只要他們的需求獲得理解和滿足，他們就很快地安靜下來，不然就會變本加厲，立刻大聲哭鬧，從原本低分貝的哭泣變成高分貝的抗議，憤怒也會隨之而來。

此外，憤怒的力量可以幫助心理處於後期發展階段的青少年，發展本身的獨立性，也可以幫助他們在親子關係中建立本身的自主性，或在遭受侵犯的情況下護衛自己。

當我們生氣時，身體會分泌睪固酮和可體松這兩種荷爾蒙，交感神經系統也會以自身的興奮和活絡作為回應。我們的憤怒往往是想發揮某些效應，比方說，讓我們憤怒的對象知道、認可並恰當地回應某項事物，例如我們的需求、自我表達、對自我空間的維護，或構成完整之自我的其他要素。

憤怒和羞愧的不同之處

我們可以從下面這張表格，看到羞愧和憤怒的差異。

憤怒和羞愧的相似之處

雖然憤怒和羞愧的共通之處看起來並不多，但兩者卻密切相關。因為，我們也會為了自身的意圖、憤怒、侵略性（Aggression；它的拉丁文字源aggressiō的意思是指「使自己往別人的方向移動」）、生命力、活躍性，以及維護自我界限的願望，而感到羞愧。

許多人因為羞愧而克制自身的憤怒，這

羞愧	憤怒
羞愧者會含胸駝背，兩眼無神，且視線朝下。	憤怒者因為自身充滿能量和力量而受到關注，因此他們會被別人看到、聽到和察覺到。
羞愧者感到虛弱無力，自覺已失去行動力。	憤怒者的身體充滿能量，尤其是他們的手臂、胸腔、頸部和下顎。 這些體內的能量會衝往身體的上方，也會由身體的核心流向周邊，也就是由中間的軀幹流向四肢末端的手腳。
羞愧有助於我們壓制強烈的情緒，並維持自我壓抑的狀態（收縮）。	憤怒是一種外衝的力量（擴張）。
羞愧往往讓人感到寒冷，尤其是四肢冰冷。	憤怒會讓人感到燥熱。

便導致他們在夜晚睡眠時會磨牙，而必須戴著樹脂材質的咬合板入睡。相關資料顯示，平均每七位德國人就有一位會在夜間睡眠時磨牙。他們的顎肌正是全身最強韌的肌肉。當他們磨牙時，牙齒所承受的咬壓甚至高達100kg/cm2。大家通常會以「猙獰露牙」或「咬牙切齒」來形容人們面對敵人時的模樣。但大部分的人在面對困難時，卻無法「咬緊牙關」，挺過艱難的逆境。

我們的顎肌就相當於壓力鍋的洩壓閥。如果我們在清醒時壓抑自己的憤怒，就會在入睡時透過磨牙，而把怒氣發洩在自己身上，這種情況就好比壓力鍋內的壓力過大時，「會排出蒸氣」一般。隨著體內細胞激素分泌的增加，我們會逐漸累積憤怒的能量，而導致身體發炎，並增加免疫系統的負擔。

我們之所以出現不恰當的憤怒情緒，往往是因為自身的羞愧：

- 「我很壞，因為我想要搬出去住！」那些不被允許脫離父母而獨立的人，內心會相當憤怒。
- 「我是媽媽的負擔！」被迫壓抑自身需求的人，會因為需求無法滿足而感到憤怒。

- 「下面那個東西算什麼！」當我們無法正視自己的性慾或性行為時，也會感到憤怒。
- 「這個家沒有我的容身之處！」如果我們是父母不想生下來的孩子，我們不只會感到憤怒，內心還會受到怨恨的折磨。

案例

E先生後來才發現，他的人生有多麼受制於自己所壓抑的憤怒。抑制怒氣不只讓他產生胃灼熱和高血壓的生理症狀，還經常讓他的人際關係僵化，並因為內心焦慮不安而傷害對方。

我在進行談話治療時，曾請他讓肚子裡那股他所察覺到的憤怒擴展開來，但他卻立刻這麼回應：「這怎麼可以！我肚子裡的那股怒氣是不好的，也是無法控制的東西，你的建議很離譜！」E先生認為，他的憤怒就好比一座發電廠，由於他無法找到控制它的操縱桿，因此他認為，必須把憤怒「封鎖」在自己的肚子裡。

當我逐步拆解他的負面想法後，我發現，他已逐漸產生一股強大的力量。他也覺得，這股力量在支持他、推動他，能給予他安全感，並讓他有自信地走上人生道路。

焦慮、憤怒和羞愧的關聯性

許多家庭的父親和祖父無法將自身的憤怒導向健康的宣洩管道，因此，憤怒在我們的觀念裡向來是負面的情緒。我們不僅普遍認為這種情緒具有破壞性，而且還把強暴、謀殺和戰爭的行為歸咎於它。所以，憤怒便成為我們必須畏懼的情緒。

即使我們認為憤怒是件壞事，但我們還是會發怒。憤怒是人類自然而然會出現的情緒。在生存受到威脅的情況下，我們需要憤怒來自我防衛。當我們無法處理衝突時，就會壓抑憤怒。當我們的憤怒不被自己或他人接受時，我們不僅會感到羞愧，還因而出現不少的症狀。

為自己的憤怒感到羞愧的人，也會陷入充滿恐慌的擔憂裡。因為他們深怕自己的憤怒被發現，或憤怒情緒失控而爆發開來。倘若這些情況果真發生，他們便感到無地自容，於是便試圖透過「你真的很丟臉！」「你怎麼會這樣！」和「難道你不會感到羞恥？」這類的自我指責來壓制自身的憤怒衝動。

當焦慮、憤怒和羞愧交相混雜在一起時，我們一方面感到十分迷惘，另一方面也會試圖讓自己擺脫這些複雜的情緒。舉例來說，我曾治療過一些希望擺脫內心憤怒的案主。他們只要探索自身所感受到的憤怒，就會發現他們的憤怒其實和焦慮有關。抱怨自己長期陷入焦慮狀態的人，經常會把全盤否定自己的自我憎恨埋在心底，而後便在某個時間點，對那些令自己感到羞愧的人發脾氣。

我們雖然試著擺脫憤怒，卻徒勞無功：有些人嘗試在運動中「發洩」自己的憤怒，有些人則偏好瑜伽、自體放鬆訓練或其他的放鬆技巧，但這些方法充其量只能暫時降低他們的憤怒。此外，還有人會一邊拿網球拍使勁地拍打枕頭，一邊怒罵自己的父母，以便破除自己所遭受的「阻力」，並「發洩」自己的憤怒。但這種做法不僅無法改變他們與父母決裂的事實，以及因而形成充滿羞愧的自我圖像，反而還加深了他們和父母的失和。那麼，他們該如何終結內心那股不恰當的憤怒呢？

從憤怒中獲得療癒

憤怒會讓孩童（和成年人）陷入內在的心理衝突：

- 對父母的憤怒，會危及我們與父母至關重要的連結關係。

- 因此，當我們發怒時，往往也會感到焦慮不安。
- 羞愧則是制止憤怒衝動最好的煞車。

不過，憤怒也必須找到可以讓自己存在的空間。憤怒情緒往往帶有「我希望和你產生情感的連結」或「我希望得到你的關注和傾聽」這一類的信息。只有當我們的憤怒獲得理解時，我們才會產生真正的轉變。因此，試圖透過沉思冥想來排除或消解本身的憤怒，通常都是無效的嘗試。

我們會因為從前在家庭關係和人際關係上的負面經驗，而長期處於憤怒狀態。但是，化解憤怒的關鍵卻不在於過去，而在於當前。如果我們為了消除憤怒，而試著讓自己回到從前的情境，這種做法反而會讓自己再度變得弱小，再度感到無助，再度像兒童般盲目地亂衝亂撞（這裡有一個相關的專有名詞，即「心理退行」），進而強化了自己對從前的軟弱和無助的認同，而無法有距離地看待自己的過往。

因此，以身為成年人的立場回顧過往，而不是讓自己迷失在過去的經驗裡，這點至為重要。這麼一來，我們便可以利用自己現在的資源，以及對事物更通透的認識，而消除長期鬱積在心裡的憤怒。實際上，這也是消除羞愧的最佳方法。

怨恨是克服羞愧的方式之一

怨恨也是克服羞愧的一種嘗試。當憤怒無法讓我們達到目標時，我們就會放棄，或因而懷恨在心。憤怒令人感到燥熱，怨恨則使人感到寒涼。美國黑人文學家詹姆斯・鮑德溫（James Baldwin）曾寫道：「他們發覺，一旦這些怨恨消失，就必須面對和處理自己所承受的痛苦。這就是他們內心為何固守著怨恨的原因之一。」

怨恨裡到底埋藏著什麼痛苦？每當有案主告訴我，他怨恨某某人時，我便會反問：「如果把這句話裡的『怨恨』改成『愛』，你覺得如何？」要這些案主說「我怨恨某某人」，比要他們說「我愛某某人」更容易。當他們願意開口說「我愛某某人」後，其中有許多人會觸及內心深切的痛苦，也察覺自己數年或數十年來對於從未享有的愛的渴望。

抗議—生氣—發怒—怨恨。依據我的經驗，這些具有攻擊性的情緒正是孩子在無助的情況下，試圖想和父母擁有的正常溝通。但這些努力卻從未見效，而徒然讓孩子看到自己的無能為力。

四、害羞和尷尬

「害羞」和「尷尬」都是跟「羞愧」相似的詞語，只不過我們感到害羞或尷尬時，還是會跟別人接觸，所以這兩種情緒都算是羞愧的前奏。

調情就是很好的例子：當有人向我們調情而讓我們覺得害羞或尷尬時，我們可能會臉紅或視線朝下。但這種反應只持續一會兒，之後我們便會繼續和別人接觸，雖然還是會感到緊張。

這些矛盾的感覺可能讓我們覺得不舒服，但我們並沒必要把它們統合起來，除非被別人知道我們真正的感受是件危險的事。若果真是這樣，那麼我們在害羞之後，就會出現羞愧反應。

五、噁心和厭惡

在這裡先進行一個小小的實驗：請你觀想一塊有蟲蛆爬來爬去的乳酪，並注意自己臉部會出現什麼反應。此時，你至少可以注意到以下，或類似以下的情況：你會把眉毛和嘴角往下拉，皺起鼻子，並把頭往後仰，好讓鼻子和嘴巴可以遠離那塊噁心的東西！

當我們感到羞愧時，也會覺得噁心和厭惡。噁心現象是有意義的：噁心的功能在於警告我們，不該食用腐敗的東西。如果我們把食物塞進嘴裡，而後發現它已腐壞時，就會立刻把它從嘴裡吐出來。如果我們沒有注意到食物已經變質，而粗心大意地把它吞下去，我們的消化系統就會透過反胃嘔吐，把它從口腔排出體外。

噁心—厭惡—吐出—反胃嘔吐：這一連串的反應可以幫助我們把不好的、不該吃進體內的東西排出體外。其實不只食物，連令人難以承受的經歷也會讓我們出現這些反應，因此，有些人聽到噩耗時，會因為過度悲傷而出現嘔吐現象。

此外，某些案主在接受心理治療時，也會出現噁心和厭惡的反應，這實際上是情況好轉的徵兆。因為，隨著羞愧而出現的厭惡情緒，意味著我們的身體已發現羞愧這個異物，而想要把它排出體外，想要「終結羞愧」。

因此，當這本書的某個自我探索的練習讓你對自己感到厭惡時，請你務必留意，自己的內心此時為了排除負面的自我批判而發生了什麼變化。如果你經由嘔吐而清除掉不當入侵自己體內的羞愧，會出現什麼情況？

六、孤單寂寞

當我們感到羞愧時，往往也會覺得孤單寂寞。這是因為羞愧者社交退縮，中斷了跟別人的接觸，而使得別人無法靠近他。他們覺得自己很糟糕、沒有價值、不如別人，且必然因為「別人很好，我很差勁」的二分法，而感到孤單寂寞。羞愧使我們無法擁有歸屬感，而慣性羞愧則使我們違背自我，並自絕於人群之外。

離群索居和躲避別人，都是為了避免羞愧所採取的策略。羞愧者會自我封閉，斷絕人際交往。他們內在的動力學從來都是一樣的：中斷人際的接觸，並過著孤獨的生活。

七、內在的自我批判

個人內在的自我批判就是羞愧者內在的聲音。這種現象有許多名稱，諸如「內在的批判者」、「內在的督促者」、「超我」和「犯錯者的內向投射」。

當我們在做某件事情或僅僅想做某件事情（沒錯，光是心裡的念頭便足以產生效應）時，我們的自我批判、自我箝制以及（或者）因此而喪失行動力的感覺就會增強。舉例來說：當我們渴望與別人（有身體上的）接觸，而想接近別人時，如果我們告訴自己「你太黏人了！」這樣的自我批判就會讓我們和別人保持距離，而不至於陷入被別人拒絕的尷尬裡。

我們內在的權威正好表達出，我們對自己生長環境的氛圍還一直抱持認同的態度。我之所以提到氛圍，是因為我們的認同跟成長過程裡的個別事件無關，而跟它的整體氛圍有關。畢竟我們是在成長的氛圍裡，受到允許、禁止、建議或期待。

有些心理治療學派則主張，我們的自我批判並不屬於我們本身，而是來自於外部，因此這些專家認為，必須清除這些自我批判的聲音。不過，我卻不同意這種看法。因為，我不僅認真看待，也十分贊同我們內在的自我批判。畢竟真正的問題不在於我們的自我批判，而在於我們對這些自我批判和自我箝制的贊同傾向。在心理治療上，我認為找出贊同自我批判的原因，比消除他們的自我批判，更能促進其療癒進程。

第四章

逃避羞愧、自我保護的生存之道

羞愧無疑是人類最痛苦，最難處理，也最容易使人失去行動力的情緒。不健康的羞愧情緒讓我們感到緊張、焦慮，無法享受生活，或難以徹底活出生命的能量。我們會想盡一切辦法，不讓自己察覺到本身的羞愧，因此，某些生存策略便派得上用場。

人類為了逃避羞愧而採取的生存策略，隨著心理治療派別的不同，而分別被稱為「性格」、「防衛」或「生存機制」。美國創傷治療專家勞倫斯．海勒（Laurence Heller）則以「生存風格」這個聽起來很優雅，似乎和精神病理學比較無關的專有名詞來稱呼它。「生存風格」這個概念就是在強調：人類發展生存策略的能力，就是對自身創造力的證明，因此，生存策略就是自身生命活力的直接展現。

基於這個理由，我個人十分重視和讚許人類為了逃避羞愧而採取的生存之道。我既不認為它們具有負面性，也不希望它們被揚棄。不論這些生存策略對你現在造成多大的妨礙，但有一點是你可以確定的：你在人生當中，總會進入某個階段，而這些生存之道在這個階段裡，不只具有意義，還具有（生存的）重要性。

問題就在於，這些為了逃避羞愧而形成的生存方式，現在仍否合宜？我們只要想想那些隨之產生的關係動力學，便可以很快明白，這些生存策略其實無法幫助我們拉近和伴侶之間的距離，或與伴侶維持真正的親密關係（不只在性方面）。

接下來我要介紹的生存方式，都可以讓我們逃避各種不同的羞愧。你大概可以在其中的敘述裡，再度透徹地看清自己，並自問：「我現在應該採取什麼不同的做法？」不過如果你為了擺脫既有的做法，而發展出新的做法，這其實意義不大。在此我反而要建議你，在閱讀以下的生存之道時，最好一開始什麼都不要做，你只要把問題留在心裡即可，並不需要回答它。畢竟以開放的態度來面對問題，反而能讓我們有機會找到自己的答案。

當你在閱讀以下的內容時，請留意自己的內心。你的呼吸如何？你是否察覺到身體的緊繃？你是否變得不愉快或惶恐不安？請你把答案寫在那本羞愧日記裡，並描述你所發生的改變，這樣的記錄方式才比較有意義。

我其實不知道該如何排列所要探討的生存之道的先後順序，因此，我決定依照其德文字首的字母順序，一一闡述這些方法，也就是從Aggressiv sein（處於攻擊狀態）到Vermeidung（逃避）。當然，我還要坦承，以下我所列舉的羞愧者的生存之道，其實並不具有完整性。

一、處於攻擊的自我防備狀態

許多人會把羞愧，隱藏在自身那層具有攻擊性的盔甲下面。他們對一些無關緊要的小事反應都很激動，而且不斷批評周遭的人。他們的言行舉止就像受傷的野獸，有時甚至會咬傷救援者向他們伸出的雙手。他們從不停止抱怨，脾氣也一直很糟，因而讓人們以為他們總是處於心情惡劣的狀態。在極端的情況下，他們還會傷害別人，但他們卻沒有意識到這麼做會造成什麼後果。

案例

G先生有個心理不穩定的母親，而且在他年幼時，母親還經常告訴他，她所有的問題都是他造成的。他當時還因為完全無法彌補自己的「過錯」而感到羞愧，但其實母親根本不該把自己的問題歸咎於他。

無處宣洩情緒的他，便把自己的挫折發洩在鄰居男孩的身上。每天早晨他在上學的路上，都會霸凌這名男童，不是把他逼入路邊的水溝裡，就是逼他踩路上的牛糞，或搶走他的家庭作業，害他在學校被老師責罵。

二、羞辱別人

我已經在本書第二章，詳細探討慣性羞愧者那種透過羞辱別人及其所產生的效應，而減輕自身羞愧的生存策略。

在這裡，羞辱別人的做法，有助於抗拒自身的羞愧感。這是因為我們在恫嚇對方的同時，也改變了雙方的權力結構，如此一來，我們就不一定要直面自身的負面情緒。

三、覺得憂鬱

我在這裡要談論「憂鬱」這個詞彙的語意，而不是「憂鬱」的臨床診斷。

Depression（憂鬱）的拉丁文字源deprimere是指「向下壓」的意思，而這也是羞愧的核心動力：羞愧者會彎腰駝背，壓抑自身的能量。他們不想被別人看見，講話會放低音量，會穿著不顯眼或暗色系的服裝，而且會試著在其他領域裡盡量不引起別人的注意。「千萬不要受到矚目！」就是他們所信奉的格言。

我在這裡不會討論憂鬱症的臨床病理學定義，因為我認為憂鬱症是種持續性狀態，而且許多人的憂鬱症只和某個生活領域有關：比方說，有些人對生活興致勃勃，卻獨獨對性行為興趣缺缺。或者，有些人很有創意，也令人覺得率直，但他們卻不讓任何人親近他們的內心。他們的憂鬱所涉及的範圍很廣，從排斥交際到自殺都有可能。

如果你們為了避免自身的羞愧或被別人羞辱，而採取外表看起來不起眼的生存策略，在經過一番自我探索後，你們便可以明白，自己的確是百分之百的「憂鬱」！

美國心理治療師希拉莉．雅各—亨德爾（Hilary Jacobs Hendel）曾在〈不只是憂鬱，有時還有羞愧〉（It's Not Always Depression, Sometimes It's Shame.）這篇論文裡指出：「心理治療和抗憂鬱劑有時無法治療憂鬱症，這是因為未發現藏在憂鬱症狀裡的羞愧。」

四、控制別人

羞愧者會壓制別人，也會用權力支使和剝削別人。這種生存策略經常出現在家庭暴力、團體、教派、戰爭，以及國內政治和國際政治的層面上。為什麼羞愧者會採取這種做法？這個問題可能存在著各種不同的答案。

感到羞愧的人會透過權力的運用，以及控制和壓迫別人的做法，讓自己或多或少無須再感受自身的卑微、無助和任人擺布的無奈，或讓自己或多或少不用再相信自身始終處於不堪的狀態。

當我們有求於別人時，這種宰制別人的生存策略還有助於降低我們的羞愧感。如此一來，我們就可以直接得到我們想要擁有的種種，例如某件貴重物品、某種服務或某個人——而不必因為可能被別人拒絕而讓自己受到傷害。

案例

德國知名的空手道冠軍選手安德烈・馬闊特（Andreas Marquart），就是以控制他人為生存策略的例子。

在童年時期，他曾被母親強迫性交長達數年。「你下面的雞雞是我的！」母親在性侵他時，都會這麼告訴他。

他長大後，從事拉皮條的工作，專門誘拐婦女賣淫，並將她們視為自己的所有物。他輕視她們，剝削她們，只把她們當作男人的性玩物。二〇一一年，當他接受網路雜誌《明鏡線上》（SPIEGEL ONLINE）的專訪時，曾明白地表示：「我無法跟女人正常地交談！」

他的人生故事後來被拍成電影《艱難的愛情》[9]，於二〇一五年上映。這部傳記電影呈現出主人翁馬闊特如何羞辱別人的許多面向，以及他那種藉由暴力與宰制別人的生存策略。

五、不斷道歉或從不道歉

道歉就是承認自己的過錯。讓自己不停地為一切道歉，也可能成為羞愧者的生存策略，他們的生存之道抱持自己是不對的、只會犯錯的信念。

不過，也有羞愧者從來不為自己的錯誤和過失道歉，因為他們希望自己可以不必察覺自身的羞愧和過錯，這樣便能使他們深信自己絕不會犯錯。

當一些政治人物接二連三因為博士論文抄襲而黯然下台時，我們可以在他們身上，清楚觀察到羞愧者的生存策略。為了維護「政治圈的聲譽」，或在有所抉擇的情況下，為了維護「政黨的聲譽」，他們在下台之前，都會先否認自己抄襲論文的事實，甚至在揭發者出示證據後，仍然矢口否認。

六、色情化和性慾化

性侵害是羞辱別人的極端方式，它不只壓迫別人，也嚴重侵犯別人的自我空間。當有人剝奪別人的性自主權時，就是在傳達以下的信息：「你的身體不屬於你，而是屬於我的。不論你多麼強烈地抗拒，你都無法保護自己。你的自我界限由我決定！」把強暴和性虐待色情化，並以色情書刊和影像這些媒介來消費，甚至實踐這種充滿暴力的性行為，其實是以色慾的外衣掩蓋本身的羞愧、卑微、無助和絕望。

把自己和別人的關係色情化，就不會因為敞開內心的大門而受到對方的傷害。畢竟與對方的接觸僅限於生殖器官，所以只要深鎖心扉，就不會受到對方的傷害，也不至於因為對方不珍惜自己的愛而感到自取其辱。

不過，這種做法也具有負面性：因為我們如果無法對別人敞開自己的內心，便難以發覺、維護和重視別人的自我界限。

9 譯註：《艱難的愛情》（Härte，英文片名為Tough Love）這部電影於二〇一五年柏林影展首映，並榮獲該影展「大觀單元──觀眾票選獎」（Panorama-Publikumspreis）第三名。

七、表面順從，內心卻忿忿不平

有些人看起來就像純潔溫順的羔羊一般，總是顯得友善且樂於助人。不過，他們往往因為本身的散漫與疏忽，而一再把事情搞砸，不是忘記重要的約定，就是無法準時赴約。但由於他們的表現非常友善，而且都會向對方道歉，所以對方後來不僅不會生氣，反而還因為先前對他們發怒，而對他們覺得很不好意思！

當你採取這種生存策略時，內心就會經歷實則憤怒，表面上卻要表現出友善的矛盾：你雖然表現出樂於助人的態度，但心裡卻對別人感到憤怒不已，就連求助心理教練以及運用沉思冥想或正向肯定的方法，都無法幫助你脫離這種感覺的困境。

那麼，這種複雜、麻煩且費力的生存策略適合用在什麼地方呢？如果我們因為說「不」、因為設定人我界限、因為反抗別人的欺壓而感到羞愧，又或是我們認為自己必須符合別人的期待，我們就別無選擇，勢必得表現出友善、親切、彬彬有禮的態度。

但問題就在於，我們的需求和期盼不會完全消失。如果我們相信必須壓抑自己的慾望，就會因此蓄積憤怒的能量，而這些能量在日常生活中便會以自我破壞（Selbstsabotage）

的形式表現出來。為了避免和別人發生爭執，我們不敢直接維護自己的立場，而是靈巧地採取迂迴策略來應付別人，但後來也會因此而惹惱別人。

八、智識化

這是一種用理智來了解、分析和掌握一切的生存策略。採用這種策略的羞愧者會探討事情的哲理，提出自己的理論，並自豪於自己對事情無感，或已不在乎任何感覺，從而試圖擺脫因為對自己的身體，或對別人不滿意而產生的自我羞愧。

當他們在面對自己時，往往以理性的思考來看待自己。他們雖然會觀察自己，卻無法確實察覺自己所感受和感覺到的一切。他們和別人的接觸似乎隔著一層薄紗，或一道玻璃牆。因此，這種智識化策略讓他們無法與伴侶建立親密的身體關係。

大家通常會認為，從事電腦資訊業的人喜歡採用智識化策略。電腦和軟體具有一定的複雜度，但仍不像人類那麼複雜。如果它們出問題而無法正常運轉，這方面的專業人士就會找出其中的原因。對於慣用智識化策略的羞愧者來說——這些人雖然遍及各行各業，而且擁有各種不同的嗜好——電腦資訊產業確實是很好的藏身之處。此外，他們也會透過集動、觀看自行車比賽的電視轉播，或動手做手工藝品等愛好，來減少跟別人的接觸。

九、緊抓不放

孩童需要和大人有身體的接觸，建立緊密而穩固的連結，才能健康成長。這個身心健康發展的先決條件最能讓他們日後即使在獨處時，也能保有歸屬感。孩子如果和主要關係人的連結關係中斷，或被禁止和主要關係人有身體接觸，又或和主要關係人的身體接觸曾有不舒服的經驗，就會在日後疏遠別人，或是緊緊依附著某個人。

因此，孩子不是藉由疏遠別人來避免自我羞愧（他們因為相信自己不值得擁有和大人正常的連結，或充滿關愛的身體接觸，而感到羞愧），就是向別人強求關注或身體接觸，即使在長大成人後仍是如此。

孩子如果認為自己沒有資格親近別人，就會在長大後因為渴望人際的接觸，而選擇可以親近別人的工作。他們傾向於用交談來纏住別人，讓別人把注意力集中在自己身上。這種做法往往使他們交遊廣闊，但真正知心的朋友卻寥寥無幾。此外，他們也擁有生活伴侶，雖然後來事實證明，那都是一些對他們不利的，或會使他們喪失行動力的親密關係。

案例

I小姐已結婚三十幾年，育有四名孩子。她愛上一個不愛她的男人，這個男人甚至還公開警告她，不得再騷擾他。由於她感到十分絕望，便來找我做心理治療。

一開始，她還認為自己必須設法得到他，因為跟他在一起，可以讓她得到自己長久以來所渴望的真愛。在談話治療裡，我發現她年幼時曾住過兒童之家，直到七歲才被父母接回。雖然她後來重回父母身邊，但家人卻待她如外人，從未擁抱她，和她有身體接觸，而且也很少跟她交談。她在家裡就像灰姑娘一樣，卑微地做著清潔打掃的工作。

因此，她內心強烈的無價值感便在往後的人生裡一直伴隨著她。現實生活中的家庭關係和人際關係讓她感到痛苦，但她對那個男人所產生的幻想式愛情，卻讓她覺得那正是她生命的救贖。

十、給自己壓力

在我們的社會裡，每個人都承受著能否功成名就的壓力。但我們卻往往忽略，成功其實也是一種可以讓我們避免讓自己在別人面前抬不起頭來的生存策略。因為我們如果表現優異，就不至於認為自己缺乏價值、沒有生存資格而感到羞愧。換個更誇張的說法就是：我們會希望透過出色的表現來「取得」自己的生存資格。

然而有些專家卻把羞愧理解為是個人的行為動機，甚至還出現這樣的說法：只要把焦點放在一個人的羞愧和成就之間的關聯上，大概就不會出錯。不過，個人為了成功所付出的代價，例如破裂的家庭關係、健康的損害，以及身心的耗竭，卻受到普遍的漠視。成就感的壓力是我們為了或多或少能避開本身的羞愧，而採取的生存策略，但我們長期持續感到的低自尊，根本不是健康的行為動機。

當我們高估自己的能力時，成就壓力往往隨之而來，因此會感到力不能勝，但這種起因於外部的挫敗卻是我們以成就壓力作為生存策略的目的。如果我們表明壓力是源自於外部，聽起來總比承認所謂的「外在壓力」，其實一直都是自己內心的問題所造成要好得多。儘管這種說法聽起來很荒謬。

當我們抱持「為了有所作為，才出世為人」的意識形態時，成就壓力便會接踵而來。在這種意識形態下，享受生活，或僅僅只是舒服地往後靠向椅背，都會成為一種罪惡，是種對於自我成就的背叛。

十一、完美主義

完美主義者希望透過最好的表現，讓自己變得無懈可擊。完美的狀態牽涉到本身可能達到的各種完美：完美的身體、完美的住家、完美的老公、完美的小孩……

既然「自我優化」是我們達到完美的標準做法，那麼，誰會自我優化呢？就是那些覺得自己（還）不夠好的人。此外，藉由不斷地自我改善，他們又傳達出什麼信息呢？他們總是認為自己（還）不夠好，這種心態使他們陷入不斷自我優化的惡性循環裡。

比方說，有些人為了讓自己的外表更完美，而沒完沒了地接受一次又一次的整形手術。他們如果對自己的身體狀態不滿意，就會對自己的心理狀態也不滿意。「我的狀況不好！」這種想法便成為他們求助心理治療或心理教練的動機。

在職場上，完美主義者通常需要很多時間才能完成自己所負責的工作，因此他們會因為工作速度緩慢，而再度感到愧疚自責。

十二、追求名利聲望

如果有人是住在豪華別墅、職業是大學教授，而且還有個漂亮的老婆，那他肯定很了不起。如果他還出現在電視螢光幕上，更代表他是有名望的人。不是嗎？

許多人都在追求讚譽、名聲和地位，並透過相稱的工作和職業——比如心靈導師、戰地醫生，或上市公司的董事長——而更彰顯自己的價值。在此，我對這些人毫無批評或指責之意，而只是想探究，促使他們不斷累積聲望的動機。

累積聲望會讓他們快樂嗎？他們真的具有這方面的才能嗎？他們特別能功成名就的先決條件是什麼？或者，他們表現得如此傑出，是因為他們相信，「只要我獲得這樣的身分和地位，我也會成為有價值的人！」果真如此嗎？

同樣地，擁有價值不菲的物品，像是名牌精品服飾、皮草大衣、昂貴的手錶和汽車，以及與成功人士交往，也可以讓我們累積聲望：如果我們無法有所成就，也可以跟名利雙收的人做朋友，因為，「這些社會勝利組如果願意和我做朋友，那我肯定也是個有價值的人！」

以《大娛樂家》（The Greatest Showman）這部電影為例：身為男主角的馬戲團老闆巴納姆（P. T. Barnum）曾一度為了追求外在的聲望，而不惜背叛朋友、親人，甚至也包括他自己。這部電影讓我們清楚看到，人們為了否認自己卑微的出身，什麼事都做得出來，這種大膽的行徑根本無法使人們擺脫自慚形穢。

十三、進行抗爭

我們的社會提供年輕人許多抗爭的機會，比方說，從前流行的嬉皮風、龐克風，或從龐克風衍生出來的暗黑哥德風。

參與這些風潮的年輕人會關注政治議題，反對階級的存在，卻不會滿足父母或伴侶對他們的期望。他們以抗爭作為生存策略，因為這種策略可以讓他們有所對抗，至於要對抗什麼並不重要。畢竟問題和過錯都在別人身上，所以必須加以反對。當眾侮辱別人只是他們抗爭策略的初步嘗試，最終他們會毀壞汽車和房屋，或甚至殺人奪命。

這些憤青之所以採取抗爭的生存策略，是因為他們相信，如果不抗爭，他們就會：

- 失去自身的獨立性；

- 失去自身的獨特性；
- 無法擁有自己想要的生活方式；
- 無法成為真正的自我，而只能處處符合別人的期待。

然而，這種抗爭策略的問題就在於：當我們致力於跟別人的期待劃清界線時，卻還是不知道自己究竟要什麼。

十四、失去自我

當我們在稱讚別人的無私時，等於在鼓勵對方不要發展自我。許多以成為丈夫的後盾自詡的妻子、許多深信必須為家庭努力打拚的丈夫，以及那些認為必須幫助生活困苦之人而投入社會工作的社工人員，都讓我們看到這一點。

大家可以相互照顧，當然是一件很正面的事。當我們可以自由做選擇，並基於自身的意願和能力來實踐照顧別人的選擇時，便可以豐富人生的體驗。不過，我們如果基於「照顧別人才是好人，只有好人死後才可以進入天堂」的觀念，而認為自己必須照顧別人，我們就是在別人所訂定的規則裡，尋找自己的生命方向，因此我們終究只能從自己的外部，而非自己的內在求取生命的意義。至於我們能在這種失去自我的狀態裡撐多久，就是接下來我們要面對的問題，尤其當我們遇到人生的危機時，例如失業、離婚或孩子長大後的空巢期。

當我們失去自我，或把無私提升為生活準則時，便可以逃避自己心中那個有缺陷、不夠好，甚至惡劣的自我。

十五、靈性逃避

為了不讓自己察覺到自身痛苦的感覺、情緒的傷口和創傷的經驗，羞愧者會試著藉由一些心靈概念來逃避自己未解決的問題。美國心理治療師約翰・維伍德（John Welwood）為了闡明這種生存策略，曾在一九八四年提出「靈性逃避」（spiritual bypassing）這個概念。

採取「靈性逃避」策略的人容易把事情理想化，因而把自身許多自然的情緒及行為排除在外，例如憤怒、怨恨和暴力。他們會有以下的表現：

- 過於清高，不食人間煙火；

- 情緒麻木，情感壓抑；
- 過度強調積極性與正面性；
- 對人盲目或過度同情；
- 難以建立自我界限；
- 只偏重某些類項的發展。

在我們的觀念裡，認知遠遠勝過感覺和感受，因此我們在面對自身的靈性層面時，會貶低自己所有的感覺和感受，而且還誤以為自己已達到更高的發展階段。然而，聽起來具有靈性的東西，卻含有善惡分明的極端性，就像「我是好人。我已受到啟發，而且已明白一切的本質。」這句話一樣。

實際上，只要我們接受自己的墮落、憤怒以及負面的一切，整合自己未處理的經歷，並消除自身的羞愧，真正的靈性就會自動出現。由此可見，解決羞愧的途徑，不是擺脫、掩飾或逃避，而是讓自己超越羞愧。

十六、覺得驕傲，感到自豪

自豪通常被視為羞愧的反面，以及羞愧的補償。有些羞愧者會自欺地認為，自己是父母希望生下的孩子，也擁有幸福的童年，這其實是他們為了讓自己免於因為事實所帶來的毀滅性羞愧，所採取的生存策略。

案例

如果孩童成長於生存備受威脅的原生家庭裡，就會採取上述這種自豪的策略。B小姐曾告訴我，她年幼時，曾挺身保護被父親家暴的母親。這種自傲的說法，可以讓她忽略從前在暴力和輕視的氛圍下悲慘的成長歷程，也無須察覺自己曾生活在多麼危險的家庭環境裡。既然她不必注意到自己未曾擁有孩童應該獲得的人身安全與保護，也就不會為此而感到自卑。

自豪感甚至可以讓我們擺脫最糟糕的經驗。「我的第一個皮條客就是我媽媽！」一位年輕的捷克妓女曾寫下這樣的告白。「當我還是個孩子時，我對自己可以賺錢給媽媽這件事，感到很驕傲。我十二歲就投入性工作，我是媽媽心目中最重要的人！」

十七、使自己堅毅卓越

「隱藏你的弱點、恐懼和猶疑不定，並展現你剛強的那一面！印第安人是不會疼痛的！」這是堅忍不拔的人所遵奉的信條。

當身體疼痛時，他們不會去看醫生，即使身心已瀕臨耗竭，他們仍對自身的豪氣和英雄氣概引以為傲。他們不需要別人的關愛和照顧。「我自己就是可以讓所有人靠在上面哭個痛快的肩膀！」他們透過這種使自己卓越不凡的策略，來隱藏自己也渴望能有所依靠而產生羞愧。由於他們深信，依靠別人是可恥的，因此他們不願向他人求助，同時也一併隱藏了自己期盼能從他人身上獲得幫助、關愛和體恤的渴望。

某種隱而未顯的益處會吸引我們，使我們希望可以維持優異的表現，向別人伸出援手，或成為提供可依靠肩膀的卓越者。在援助別人的同時，其實我們也會獲得和別人接觸和交流的機會。然而大部分的成功人士都沒有發現，自己竟然從未感受到人際關係所帶來的幫助。

十八、讓自己變成隱形人

你們知道所謂的「隱身帽效應」（Tarnkappeneffekt）嗎？這是德國心理學家沃夫岡．瑪可斯（Wolfgang Marx）於慕尼黑大學心理系任教期間所提出的概念。

一九八一年，他在刊載於《今日心理學》（Psychologie Heute）的論文裡提及，他為了證明大家從未見過的「隱形人」確實存在，曾經進行若干實驗，並得出以下的結論：所謂的「隱形人」進餐廳用餐時，服務生不會過來幫他們點餐；到站牌等公車時，司機不會停車讓他們搭乘；在公司裡工作時，老闆不會注意到他們出色的表現。

不過，這些研究結果卻是瑪可斯教授自己虛構出來的。這位心理學教授杜撰這份研究報告的用意，就是要證明，人們有多麼容易輕信，而且專家學者對於收集支持本身立場的論據，有多麼堅持和固執了。「他們找到了自己預先暗藏的復活節彩蛋！」

後來果如他所料，心理學界同仁紛紛向他詢問相關的文獻資料，博士論文想撰寫「隱身帽效應」的博士生，便請他擔任指導教授。此外，法蘭克福的圖書館也應讀者的請求，向他詢問相關的資料來源。

難道這些人只是輕信專家學者的說法？或者，他們覺得瑪可斯教授這份「隱身帽效應」的研究和自己有關？感到丟臉的人都不想被看見，因此他們會極盡所能地發揮「隱身帽效應」。畢竟他們如果變成隱形人，別人就不會看見令他們羞愧的一面，這麼一來，他們就可以擺脫害羞與尷尬了！

案例

E先生曾告訴我，他總是輕手輕腳地出現在各個場所，甚至還對自己可以安靜到不引人注意而感到自豪。

他之所以如此低調，是因為他相信，自身的存在會干擾別人。他還向我透露，他參加過一門討論課，在那裡他學會如何盡量讓自己的穿著不引人注目，以及讓自己的說話不引起對方的反感。

十九、屈服

請想像以下的情況：當你在餐廳，如果服務生送來的不是之前你點的餐點時，你會勉為其難接受，還是直接拒絕呢？當你發現，房屋整修費用的帳單過高時，你會完全不詢問緣由，悶不吭聲地付款嗎？如果你應該得到更好的酬勞，你會對自己現今的薪水感到滿意嗎？

當我們相信自己沒有提出異議的機會時，屈服就是很好的生存策略。因為擔心會丟臉的緣故，我們會消除自身那些反抗的、抗議的、為自己爭取的衝動。

二十、寬恕

在追求靈性成長的團體或社群裡，普遍充斥著這種觀念：只要原諒那些格外令人尷尬的經驗，就可以消除本身的羞愧感。不過，這些靈性成長的追求者卻經常以簡化的方式，呈現如何消除自身羞愧感的過程。

實際上，想要擺脫羞愧的成年人必須先面對羞愧，也必須認識焦慮、憤怒這些和羞愧有關的情緒，然後再進一步整合這些情緒所包含的信息。他們必須意識到自我界限曾受到侵犯，並療癒這種負面經驗。自我療癒有許多步驟，必須視負面經驗的不同，而採取不同的步驟，最後寬恕就會自動出現。由此可見，寬恕是自我療癒過程中最後的關鍵步驟。

不過，我們如果希望藉由寬恕而達成簡單迅速的自我療癒，這種做法其實是種逃避羞愧的策略。

二十一、逃避

避免羞愧最簡單的方式，就是逃避可能引起羞愧的一切。由於所有的人事物都可能使羞愧者感到自卑與自責，他們的人生也就變得越來越狹隘：

- 情愛使人感到丟臉，所以應該遠離它。
- 性行為使人感到難為情，所以應該放棄它。
- 受到別人的矚目會使人感到害羞，所以不宜演講、不宜在公開場合跳舞，甚至也不該去游泳。

案例

A小姐曾在一門繪畫課裡碰到一位比她年長、主動和她交談的女性。「這位女士是真心誠意地跟我說話。」但A小姐當時卻立即客套地退縮起來，因為她相信，「像對方這麼開朗的人，根本不會想跟我打交道！」

當逃避的策略不足以解決羞愧的問題時，許多人就會出現完全的社交退縮。其中有些人雖仍置身人群裡，但他們的感覺和思維早已飄向遠方。有些人乾脆隱身在某個工作空間裡、某座人跡罕至的小島上，或躲在被窩裡。根據一項日本的問卷調查，全日本大約有一百六十萬名居民長年足不出戶，完全斷絕與外人的接觸，他們就是日本俗稱的「繭居族」。他們這種極度社交退縮的現象，已超出心理的正常範圍。

練習 16 我如何逃避羞愧？

你對上述的二十一種求生法則有莫名的熟悉感嗎？在哪一種情況下，你會採取什麼策略，好讓自己不必察覺到自身的羞愧？為了讓自己不受到傷害，你還會使用什麼其他的方法嗎？

請你現在好好思考這些問題，並寫下你的答案。不過，也請你留意自己日常的行為方式，尤其當你和別人互動的時候。當你越了解自己如何避開羞愧，便越容易認識到隱藏在這些羞愧後面的課題。這麼一來，你就可以因為認識羞愧而擺脫羞愧了。

練習 17 羞愧與尊嚴（第三部分）

你應該已經很熟悉我前面介紹的「羞愧與尊嚴」系列練習了，因此，你現在自然而然可以擺出彎腰駝背的羞愧姿勢或抬頭挺胸的尊嚴姿勢。或許你早已注意到，這個系列的練習其實更多涉及自己內在態度的變化，而不是身體姿勢的改變。

接下來，請你試著在有別人在場的地方，刻意來回地變換羞愧姿勢和尊嚴姿勢。你不妨在超市、公車候車處或工作場所裡（但不要在老闆面前），開始這項變換姿勢的練習。當你時而擺出羞愧姿勢，時而顯現尊嚴姿勢時，心裡覺得如何？這兩種姿勢有什麼差別？

尤其在工作面試、加薪談判、簽約或做任何決定之前進行這項練習，都會對你很有幫助。

這樣做，能減輕羞愧感

如果我們所採取的各種策略都無法讓自己擺脫羞愧，我們就會自以為是地使用其他的方法或管道來減輕本身的羞愧感：

- 用酒精、毒品和藥物來麻醉自己，好讓自己忘記羞愧所帶來的痛苦。
- 從事性行為和建立人際關係的主要目的，是為了轉移自身的羞愧感，而不是想與對方創造真心真意的連結。
- 從事具有風險的行為，例如未保護的性行為（因為緊張刺激而引起的神經性激動）。
- 性施虐和性受虐（SM）。
- 飲食，尤其是甜點的食用，例如巧克力（糖分可以促進「幸福荷爾蒙」多巴胺的分泌、提升滿足感，並減輕羞愧感——至少會暫時產生這些作用）。
- 節食挨餓：禁食療法和清腸。
- 自我傷害，以及使用促進體內分泌興奮劑和麻醉劑（例如多巴胺和腦內啡）。
- 使用各種影音媒介：整天都置身在社交媒體、電腦遊戲、電話交談和影片觀賞裡。

第五章

伴侶關係裡的羞愧，讓彼此漸行漸遠

親密關係裡的不親密行為

一項長達數年、調查範圍十分廣泛的兩性關係研究指出，伴侶關係的好壞，對我們的健康狀態和壽命具有決定性的影響。然而，伴侶之間的連結感卻受到羞愧感的阻礙。

當伴侶雙方剛認識時，了解對方、愛慕對方，和對方一起享受生活，會讓雙方感到很愉快。一開始，伴侶只關注對方，而後才接近對方的家人。接下來，他們會住在一起，並生兒育女。性行為也讓雙方感到興奮，光是體內荷爾蒙的作用，就可以讓性產生高度的愉悅和滿足，因此，大部分的伴侶在這個階段都不會意識到自身原有的羞愧情緒。雙方相互的關注、傾聽和愛慕，讓戀愛中的伴侶滿懷愛意，讓他們獲得支持，而這種情況也掩蓋了他們自身所有的問題。

不過，伴侶表現出真實面貌的時刻終究會到來。有些伴侶只需要幾個星期，有些伴侶則需要幾十年，才會讓對方看到真實的自己。接下來，他們就要面對一些嚴肅的問題：

- 我知道自己的羞愧跟哪些課題有關嗎？

• 我有勇氣面對這些羞愧課題嗎？
• 我可以讓對方知道，自己為何會感到羞愧嗎？

羞愧者大多會避免以親密的方式和伴侶互動。為了逃避自身的羞愧，他們會發展出一些強烈干擾雙方關係的策略，從而破壞彼此的連結感。以下是他們會採取的方式：

一、羞辱對方

伴侶以羞辱對方的策略來逃避自我羞愧，對伴侶關係會造成破壞性的影響，因為這樣做會弱化對方的立場，尤其在雙方發生衝突時更是如此。採取這種策略，就好像和伴侶坐在一艘正在下沉的船隻裡，只會因為船隻的下沉而謾罵對方，卻不想堵住船身不斷進水的破口。

重點就在於，羞愧者羞辱伴侶的做法，其實是以扭曲的方式，讓伴侶分擔自己所有的感覺。不論羞愧者用什麼方式來逃避自我羞愧，他們只是想告訴伴侶，自己的情況很糟糕，已陷入焦慮不安，不僅需要幫助，而且還覺得很不堪！由此可知，表現自己真實的面貌會更容易受到傷害，因為自己可能會受到伴侶的駁斥、拒絕、激怒或羞辱。攻擊對方雖可以讓自己覺得比較理直氣壯，卻無法獲得自己所期盼的伴侶關係。

羞辱對方其實是羞愧者向對方所發出的呼救：「我是受害者，而你是加害者！」這句話真正的意思是：「請多關注我，讓我的情況好轉！」不過，對方根本無法解決他們的問題，因為問題的根源就隱藏在他們的內心裡。只有當他們看到並認識到自己的羞愧，羞愧感才會消解。

羞辱對方和自我羞辱息息相關，因為我們在羞辱伴侶的同時，也是在羞辱自己；而我們在羞辱自己的同時，也是在羞辱伴侶。

案例

H小姐因為職場的問題向我求助。在談話治療中，我逐漸發現，她覺得結縭已超過三十五年的丈夫並沒有支持她。

當她向我吐露這個心聲時，上半身越來越向前傾，身形越來越往內縮。我問她，有什麼事情讓她感到羞愧。她說，她覺得自己是個不及格的妻子，既不夠聰明，打扮也不夠時髦。

她的丈夫應該要有個更年輕、更漂亮的太太。在二十幾年前她便有這種感覺，這已成為她「根深柢固的確信」。當時她先生和一位比她年輕的女性有外遇，此後他們的婚姻有很長一段時間都瀕臨破裂的邊緣。她說，因為三個孩子當時還年幼，所以她才沒跟先生離婚。在這個痛苦的危機階段裡，她產生了「先生應該有另一個伴侶」的想法，這讓她比較能忍受可能被先生遺棄的痛苦。

這二十幾年來，她一直是丈夫身邊那個「差勁的妻子」，因此，她和先生始終維持疏遠的夫妻關係，而錯失了和另一半攜手發揮夫妻共同體潛在的可能性！

練習 18 調整自己的態度

當你播下沙拉菜的種子，卻不見它們生長時，你不僅不會罵它們，反而還會思考它們究竟欠缺什麼。或許它們需要更多的肥料和水分，並減少日光的照射。總之你就是不可能罵它們。不過，如果你和伴侶的關係出現問題時，你們卻會指責對方……致力於宣揚正念的一行禪師，就曾舉這個例子來開示眾人。

1 請你回想從前曾和某人發生的爭執，不論這場爭執是在多久以前發生。請讓自己再次回到當時的情境，並在那裡停留片刻。

2 在這個回憶裡，你體驗到什麼？出現了什麼感覺？身體有什麼反應？

3 現在請你自問，什麼是自己真正的需求？請你試著用一句話把它表達出來，並留意隨後出現的「我希望……」這類的自我告知（Selbstmitteilung），而非「我不是……／我沒有……」

4 請寫下你在自我告知裡所出現的期盼，並在自我觀想裡，把這個期盼告訴那位曾和你發生衝突的人。請問，你的內心後來出現什麼反應？又發生了什麼轉變？

5 請慢慢來，不用著急，好讓自己可以確實體驗到和這個期盼有關的種種感受。

請你在日常中留意自己是如何羞辱對方。這種情況一定會發生，你只要察覺自身那股羞辱對方的動力即可。然後請你在心裡一一回答上述第二、第三和第四個問題。如果你可以回答這些問題，接下來就進一步探索，為什麼你不願向對方坦誠自己的心聲。

在伴侶關係裡，和對方保持距離有時是正面的。不過，只要你願意表現出自己顯然還很脆弱的某一部分，便可以在任何時候再度與對方親近，並使雙方的關係回復正常。

二、把自己的感覺投射在對方身上

「我把自己打扮得漂漂亮亮，這樣就不會讓你覺得丟臉！」C太太陪伴老公C先生出席社交宴會前，對他這麼說。這對夫妻究竟是哪一方感到羞愧呢？光從C太太這句話，我們實在無從得知，C先生心裡究竟怎麼想，但我們卻知道，C太太有強烈的自我羞愧。雖然C先生曾因為她的穿著而指責她，但更重要的是，她顯然也很贊同C先生對她的看法，不然她不會急著在C先生開口批評之前，就先好好打扮自己。

投射——也就是把自己的感覺強加在別人身上——是一種有效的機制，它可以讓我們不必察覺到，我們其實並不愛護、不認識、不重視、不關注、不肯定自己，甚至輕視、譴責或痛恨自己。我們會把自己的感覺轉移到對方身上，因為一方面這可以減輕自己的負擔，另一方面也可以讓自己期待，對方或許會處理自己所轉移給他的那些感覺。但即使對方有意願，卻也可能對此毫無處理的能力。

如果我們相信，自己不值得被愛，我們的伴侶就會被我們搞得暈頭轉向，而無法幫助我們擺脫這種錯誤的自我觀點。這種情況就好比有人把色彩繽紛的圖畫拿給色盲者觀賞，但他們只能看到一些黯淡的顏色。

投射可以有效阻止我們改變自己，但無法幫助我們解決問題。把自己的感覺投射在別人身上，猶如在自認為會有亮光的地方，而不是在鑰匙掉落的地方，尋找遺失的鑰匙。換句話說，投射不但讓我們無法看到自己的問題，反而還讓我們一味地認為問題的確出在伴侶身上。這麼一來，我們不僅無法認清伴侶的真實面貌，反而還讓雙方的關係更為疏遠。畢竟怪罪和埋怨對方，無法增進伴侶雙方的親密關係。

三、吃醋

吃醋意味著羞愧者害怕失去自己的伴侶。只要伴侶看著別人，他們便立即感受到威脅，而不允許伴侶把目光落在別人身上。他們認為，伴侶只要看著別人就有可能背叛自己，這實在讓他們無法忍受，因此他們會出言告誡，或完全禁止另一半和別人接觸。

他們無法面對自己的羞愧，並且自卑地認為別人比自己更好，（更聰明、更富裕、更有吸引力……）而逐漸破壞了自己和另一半的關係。

四、不願接受幫助

我們如果認為需要別人幫助就是軟弱的表現，就不會敞開心胸，接受外界的奧援。聽起來似乎只有男性會如此，但我也在女性身上觀察到這種情況。我們比較少注意到女性不願接受幫助的情況，這是因為大部分女性的表現遠比男性更溫柔親切，因此在我們的社會裡，女性接受別人的幫助往往被認為是「正常的」，或甚至是「理所當然的」。

不願接受幫助其實和性別無關，而和自我羞愧有關。羞愧者通常不會承認自己需要協助，如果他們的伴侶想幫助他們，往往被他們虛假造作的反應搞得暈頭轉向。「不用了，我馬上就辦！」「這我做得來！」「你別碰，我已經在處理了！」伴侶和這類人相處時，往往會撞到一面看不見的牆，而覺得無法理解他們，或因為本身的主觀感受而認為自己被拒絕，因而會立即改變態度，不再協助他們。由此可見，以健康的心態相互體貼和照顧，才是伴侶相互表達愛意的主要方式。

五、口是心非

從不拒絕別人的人，可能會因為表達內心的想法、重視自身的需求，或認為自己的意見是正確的而感到難為情。他們會隱藏自己的期盼，專注於對方的需求，甚至還會試著解讀對方的言外之意。

從不拒絕別人的人會忽略自身的需求和期盼，不表現出真實的自我，而這也使得他們的伴侶難以了解他們。他們因為持續的自我壓抑，而不斷累積內心的憤怒，並經常以間接迂迴的方式來報復他們無辜的伴侶。

六、嘲弄諷刺

影射、挖苦、取笑和捉弄這些詞語，分別代表不同程度的嘲弄。當伴侶其中一方的親密感被另一方出賣時，就會使雙方更加疏遠，而越發不願親近對方。因為本身想親近對方、渴望親近對方，或因為表達親近對方的意圖，而感到害羞的人，也會避免與伴侶親近。

此外，綽號的使用，意味著以熱情的方式持續貶抑對方，例如「大胖妞」、「矮冬瓜」

和「小老鼠[10]」。所以，請你務必注意：當自己用綽號稱呼情人或另一半時，是讓雙方的關係更親近，還是變得更疏遠？

七、嫉妒

P先生生活節儉，但他的妻子卻出手闊綽，愛用名牌貨，盡情享受人生。這樣的差異性讓雙方經常為了家庭開支而發生爭執。

P先生甚至還援用「我們要環保！」和「想想那些生活在第三世界的窮人！」這一類的道德思維，並奉行「生活不該奢侈，不該獨善其身」的信念來抗拒物質的誘惑。他認為「生活是艱苦的！」因此他會嫉妒妻子竟能過得如此輕鬆愉快！

10 譯註：德國人常暱稱愛人為「老鼠」（Maus），並會加上一個「小」字，用「小老鼠（Mäuschen）」來表示親密與喜愛。

練習 19 我在嫉妒什麼？

當你發現自己嫉妒別人的某一點時，便是探索自己究竟欠缺什麼的最佳切入點。如果你得到自己所欠缺的東西，會有什麼感覺？這將使你的人生發生什麼轉變？

你只要回答以上的問題即可，不要企圖改變什麼。

八、保持完美形象

如果處於完美的狀態，可能就不會受到攻擊，至少這是「完美者」沉默的期盼。但要讓自己臻於完美卻很耗費時間，因為處理任何事情都必須一再地深思熟慮，到頭來，他們的作為便會不同於先前與別人的約定。例如光是邀請別人來家裡喝個咖啡，他們就有可能把這個聚會搞得像一場國宴！

羞愧者為了避免自卑，會採取讓所有一切都很完美的策略，但問題就在於，完美根本不存在！或者我們可以這麼說：每個人所認定的完美都不一樣。有些人只有住在富有設計感的公寓裡，才能好好地放鬆休息，但有些人覺得這種公寓既冰冷又缺乏人味。有些人還忙著用牙刷為住家的最後一個角落清除灰塵時，有些人則覺得那裡其實已經很乾淨，簡直就像一塵不染的手術室。女人在做愛時，如果只在乎對方不要破壞自己好不容易完成的妝容，就沒有時間和悠閒的心情享受性的愉悅。那麼，哪裡可以讓這些「完美者」發揮他們的好奇心以及探索的精神，並獲得遊玩的樂趣呢？

如果你為了怕丟臉而凡事都採取完美化的策略，就不會把自身的能量投入想像的完美（imaginäre Perfektion）裡，而是致力於搜索並排除會令你感到難堪的東西，但這種做法卻會阻礙你享受真實的自我。

九、自以為是

我們如果為自己塑造了愚笨的自我圖像，在伴侶關係裡，我們可能會試圖表現得特別聰明，好讓自己可以占有主導地位。這種做法勢必讓我們變得自以為是，並堅持己見。因為我們一旦承認自己的錯誤，就會覺得丟臉，而羞愧正是我們無論如何都想避免的。如果對方說：「你不是曾經說過……」你就會立刻防禦性地回嗆：「我哪有這樣說！」

更何況我們的記憶並不可靠。許多研究已經指出，即使我們非常確定自己所記得的內容，但我們的記憶依然會出錯。採取自以為是的策略，會讓伴侶在我們看來總是顯得很愚蠢。為了忍受這種情況，我們需要鈍化自己的感覺，用酒精來麻醉自己，或在伴侶關係以外尋求慰藉。

十、沉默

你是否認為，你的伴侶本來就該知道怎麼做，才能對現在的你有所幫助？「他如果真的愛我，就應該知道……」當對方的回應往往不符合你的期待，你就會失望、生氣，或是沉默以對。但是，沒有人可以確實猜出別人的心思，而且世界上也沒有任何情愛可以讓我們擁有這種能力。即使可以，也只是暫時的。

由此可知，伴侶關係的良好基礎，就是雙方都先搞定自己，而這也包括向對方清楚地表達自己的期盼。

十一、屈服

社會心理學的研究成果顯示，我們在非語言的溝通裡，並不會反映出對方的狀態，而是會迎合對方的狀態。這也表示，當我們以（內在的）羞愧態度和伴侶相處時，不論對方有多麼愛戀、多麼關照我們，我們必然都會體驗到對方的強勢。

只要我們採取卑微的態度，便自然不會覺得自己和對方是平等的。當我們深信，自己不可能改變對方的強勢時，我們就會很快地向對方讓步，放棄溝通，最後惡化的伴侶關係便印證了我們原先對對方的負面預期。我們的另一半很快就會對彼此的相處感到相當無奈，也覺得無能為力。由於他們的愛意經常被我們拒絕，被我們說成謊言，因此便憤怒不已，索性不再和我們互動，從而轉向他處尋求慰藉。這樣的結果對於原本就妄自菲薄的我們來說，無異於印證了我們內心的想法：「我早就知道會這樣！」

十二、因脆弱而自我封閉

當我們剛出生時，完全沒有保護自己的能力。即使我們後來學會承受強烈的情緒與痛苦，但我們的本質始終有一部分是脆弱不堪的。如果有人因為自己的脆弱而感到不舒服，或為此而被別人嘲笑（「男人不能哭！」）和利用，就會披上一層自我保護的盔甲，並以沉默和拘謹來回應別人對這個脆弱部分的碰觸。

至於伴侶關係的親密性則更容易使我們受到心理的創傷，畢竟只有內心更敏感、更容易受傷的人，才會察覺別人內心所發生的種種。我們如果發現自己的伴侶已不像剛開始交往時那樣，願意和我們有身體的接觸，我們就會察覺到他們疏遠的態度，因而跟他們保持距離。

十三、害怕失去對方

害怕失去對方的心理，會高度危害伴侶關係。一開始，我們會誤以為對方對我們的緊抓不放是對我們的依戀、看重和珍視。但經過一段時間後，我們才明白這是對方的不安全感在作祟；而對方也明白，我們無法給他們任何穩當的保證。他們不僅害怕失去我們，還因為自身的膽怯和自卑而深信，只要雙方無法一直在一起，便無法維繫彼此的感情。接下來，彼此就得面對這個問題：「我們的愛情究竟是以什麼為基礎？」

害怕失去對方，正是羞愧者的危害性投射的其中一個面向。他們會武斷地認為，另一半會離開他們。由此可知，想要改善伴侶關係的人，最好不要在伴侶身上，而要在自己身上，尋找害怕失去對方的原因。

十四、迴避對方

迴避對方也是一種在伴侶關係裡避免羞愧的策略。不過，我們如果在伴侶關係裡自我退縮，對方就無法和我們互動。

由於我們還會把各種不同的問題和恐懼帶入伴侶關係裡，所以對方也會出現不同的反應：也許對方仍會試著跟我們互動，但這樣的嘗試卻把我們更加地往困境裡推送；也許對方認為我們的退縮是在拒絕他，因此他們也會出現退縮，又或是憤怒的反應。此外，對方也可能把我們的退縮行為解釋為，我們對這個伴侶關係已不感興趣。

無論如何，迴避對方的策略無法使我們和對方更親近、更親密。

十五、自我防衛

許多伴侶似乎都不太可能向對方坦承，自己在生活中還欠缺什麼，因為對方可能認為這樣的說法不友善，而覺得自己很受傷：「你是對我不滿意嗎？」

在伴侶關係裡，我們如果願意理解對方，並對他們抱持好奇心，便可以支持對方的自我探索，並深化彼此的關係。但如果我們覺得對方的痛苦、問題以及需求的不滿足都是咎由自取，就會採取防衛的態度來為自己辯解。這麼一來，對方就不會再對我們坦誠，也不會告知他們在生活中所欠缺的事物。他們會保持沉默，轉而從他處獲得需求的滿足。

十六、壓抑憤怒

在德國的文化裡，憤怒和生氣都蘊藏著羞愧。為了讓自己看起來是個好人，我們寧可壓抑自身的攻擊性。我們會以友善的態度對待別人，並試著調解和解決人我之間的問題，而這一切只為了避免爭執的發生。這樣的處理方式雖然聽起來很不錯，但我們的憤怒卻沒有宣洩的出口，因此大部分都轉化為「消極的攻擊性」而繼續存在著。

伴侶壓抑憤怒最典型的例子就是：丈夫忘記了結婚紀念日，雖然他們知道，這一天對太太有多麼重要！於是生氣的妻子便總是以「偏頭痛」為理由，不願和丈夫行房。這類怨偶看起來就像隨時會爆炸的定時炸彈一樣，不是為了芝麻小事而爭吵，就是相敬如「冰」。其實他們只要願意關注並處理雙方真正的問題，便可以很快恢復融洽的伴侶關係。

十七、分手、分居或離婚

在伴侶關係中，我們如果經常要面對自己的羞愧，就有可能放棄伴侶關係而寧可獨自過生活。瑞典學界曾對三十幾萬人的健康資料進行研究分析，並得出一個明確的結論：比起吸菸、肥胖和運動不足，孤獨其實讓人承受著更高的健康風險。

在這裡還值得一提的是，美國學界有一個至今研究時間最久的計畫。它以「幸福」作為研究主題，研究對象總共有七百二十四名男性。研究人員每年都會詢問他們的工作、家庭和健康狀況，由於研究調查的時間長達七十五年，因此累積了十分豐富的研究資料。該研究計畫近來由哈佛醫學院精神科教授羅伯特．沃丁傑（Robert Waldinger）主持，他從這些橫跨七十五年的個人資料裡得出一個明確的結論：健全的家庭關係和人際關係可以使我們活得更幸福，也更健康！他在一場相關的演講中還提到，「在五十歲時，對自己的家庭關係和人際關係最滿意的人，也是在八十歲時，身體最健康的人……良好而密切的家庭關係及人際關係，應該可以讓我們避免某些隨著老化而出現的身心問題。」[11]

練習 20 我為何會覺得羞愧？

請不要抱持伴侶關係將有所改善的期待而進行這項練習。你只要探索自己的內心世界，並從羞愧的角度觀察自己的伴侶關係即可。

1 請你審視自己和伴侶之間所存在的性別動力學。在這個伴侶關係裡，什麼讓你感到痛苦？你目前碰到最嚴重的問題是什麼？

2 請你自問：「這個問題有哪一部分是我造成的？」或更確切地問自己：「我採用哪一種避免羞愧的策略，而讓自己不必察覺到自身的羞愧感？」

3 自問：「我究竟為什麼感到羞愧？」

4 請你想像一下，自己在這方面可能做出什麼改變？

5 請你問自己：「當我有所改變時，會出現什麼感覺？我可以因此而獲得什麼？又會失去什麼？」

以下是你對這五個問題可能的回答：

1 關於自己和伴侶之間的性別動力學及其問題：「我因為和伴侶沒有性生活而感到痛苦。」

2 關於自己所採取的避免羞愧的策略：「我不打算繼續和她有性關係。」

3 關於自我羞愧的原因：「當我感到性興奮時，經常覺得被躺在身邊的她拒絕。她一定能察覺到我的感受！」

4 關於自我效能：「我可能會跟她談論和性有關的話題，然後再勾引她、誘惑她、愛

11 資料出自Waldinger的演講錄影，相關網頁請參考本書末的「參考書目」。

撫她，並使她感到性興奮。」

5 關於自己的羞愧感：「如果我們可以在床上再度享受性愛的樂趣，我當然很開心！不過，我現在如果試著邀她做愛，等於是讓自己走在湖面剛結凍的薄冰上。我實在不想再次被她拒絕。」

請你特別留意第三個答案的最後一句話：「她一定能察覺到我的感受！」

伴侶間的性行為和羞愧

由於每個人都有發生性行為的機會，因此大家普遍認為，做愛應該是件輕而易舉的事。當然，我們可以迅速學會性愛的姿勢、動作和過程，但如果要獲得性愛的滿足，尤其長期和固定的伴侶一起獲得性愛的滿足，那就是門藝術了。不過，我們在日常面對一些與羞愧有關的主要課題，也會反映在性行為裡：

- 「我可以這麼做嗎？」
- 「我可以察覺並表達自己的需求嗎？我會要求對方滿足我的需求嗎？」
- 「我會顯露真正的自己嗎？」
- 「當我察覺到對方的意願時，我還會堅持自己的態度和意思嗎？」
- 「我敢敞開自己的內心嗎？」

我們在德語裡可以發現「羞愧」和「性」的相關性。德國人從前把Schäm（羞愧）這個詞語當作生殖器官的同義詞，直到今天，德國人還用Schäm來描述生殖部位，例如分別意指陰部、陰唇和陰毛的Schäm-gegend（羞愧的部位）、Schäm-lippen（羞愧的雙脣）和Schäm-haare（羞愧的毛髮）。把生殖部位或像性愛這種令人感到愉悅歡快，並能深化伴侶關係的身體活動，跟「羞愧」的想法牽連在一起，其實相當不利於我們對相關的生理學知識的掌握。羞愧反應會讓我們壓抑自己，甚至使自己失去行動力，因此，我們只要清楚地劃分羞愧和性這兩個課題，便可以獲得和從前全然不同的體驗。畢竟任何人都不該因為性行為而感到羞愧。

性行為裡的羞愧，總是和自身必須隱匿什麼的想法有關，像是不可以表現出真正的自己、不可以擁有自己的需求或期盼，而這正是一切不恰當行為的溫床。實際上，深入探索真正的自己，以及自己的需求或期盼才是更有意義的做法。因為，以羞愧來掩蓋自己對於強暴、戀童癖、損害生殖器官的幻想，並非解決問題的方法。只有明確地釐清自己的一切，才是真正的解決之道。

就羞愧者而言，最穩當的方法就是避免性行為，這麼一來，就不會有人碰觸到他們的羞愧。他們會以偏頭痛或長期的工作壓力為藉口，或認為性行為的重要性被高估，而放棄與伴侶的性生活。然而，他們卻會暗自參加擁抱派對（cuddle party）[12]或透過買春召妓來滿足自己對身體接觸的需求，或透過色情書刊和視頻的觀賞來滿足性慾。

案例

案主A小姐認為，必須向另一半隱匿自己的渴望和需求，而且這樣做比伴侶關係更為重要。她還會檢視自己的看法是否正確，例如：「他真的認為我的嗜好不恰當嗎？或者，這只是我自己的想像？」

A小姐因為羞愧而避免和伴侶交換意見，也不採取坦率、有助於自我成長的態度。其實她的伴侶可能也會對她的嗜好感興趣，這麼一來，雙方不就會產生更多的交集？不過，她的伴侶也和她一樣，不太敢開口談論自己的愛好。

有不少羞愧者因為採取迴避伴侶的策略，而和陌生人發生外遇。對他們來說，把自己的祕密告訴一夜情的對象反而比較容易，畢竟雙方以後就不會再見面了。但實際上，和伴侶談論自己的羞愧才能真正降低自己的心理壓力，讓雙方的關係出現新的進展。

性別動力學

「每當夜晚我走在落單女子的後面時，為了不讓她覺得自己可能被跟蹤而感到恐懼，我

12 譯註：專門治療孤獨的擁抱派對，是一種和性行為無關的團體活動。它讓人們可以透過擁抱來體驗身體的親密關係，並學習自我放鬆，以及人際之間的溝通和表達。

會穿過街道，改走另一邊的人行道。」我所主持的男性成長團體的某位學員曾經這麼說。隨後另一位學員也附和地表示，如果他碰到獨自夜歸的女子迎面走來，他會自動把雙手從口袋裡抽出，好讓對方看到他確實手無寸鐵，沒有攜帶任何可以行兇的器具。後來又有一位學員接腔，如果夜晚有落單女性要走樓梯離開地鐵站，他會先留在地鐵站裡，暫時不上樓梯，以免讓她懷疑他是尾隨在後的跟蹤者。

我成立這個男性成長團體的目的，是為了協助外籍男性學員處理本身的自我圖像。這些生活在德國的外國男人來自世界各地，例如南美洲、蘇俄、約旦、美國和墨西哥，在面對女性時，他們都覺得有必要向她們證明，自己沒有任何危險性。社交媒體網站9GAG就曾把〈我不是跟蹤者！〉（I am not a stalker!）[13]這段探討女性被跟蹤的恐懼的視頻，po在它的首頁裡。

那麼，當男人認為自己具有危險性時，會有什麼結果？這將對男女之間的性別動力學產生什麼作用？又將對社會造成多大的影響？依據我的治療經驗，當男人認為自己比較沒有價值或不具有危險性時，這樣的狀態其實無助於本身的伴侶關係。

練習 21 我的生殖器官是完好無損的、是聖潔的

1 請坐下，上身維持挺直，閉上雙眼，然後把注意力轉向自己的內在。

2 觀察自己的身體，然後依照自己的節奏，從頭到腳把全身掃描一遍，並探索此時所出現的每一個感受。請察覺皮膚所接觸的衣服材質，頂住椅背的背部所承受的壓力，以及雙腳踏在地板上的重量。你的雙手現在摸起來如何？它們溫暖嗎？還是比較冰冷？它們乾燥嗎？還是已經汗濕？

3 在這場身體的探索裡，你不僅不可錯過生殖器官，還要把它們跟身體的其他部位等同視之。它們既沒有比手背、臉頰或肩胛骨更好，也沒有更差。請你以相同的關愛，接受自己身體的每一個部位。

4 當你已完全掌握自己的全身時，請以呵護的態度把雙手放在自己的生殖器官上。若

13 https://9gag.com/gag/aYg0XL0?ref=9g.wsa.mw（依據二〇一八年十月十三日的網頁資料）

沒有經過你的允許，任何人都不可以看或碰觸你的生殖器官。

5 請你讓雙手停留在自己的生殖器官上，並留意這種受到保障的安全狀態讓自己產生什麼感受？此時你身體的其他部位出現了什麼變化？你希望它們出現什麼變化？你可以用言語貼切地表達這種情況嗎？

6 如果現在你全身都完好無損，沒有任何部位受到傷害或侮辱，你對自己的身體有什麼感覺？

7 如果你的父母和祖先的身體從未受到傷害或侮辱，這些事情會如何影響你現在的感受？請你探索這些感受，並詳盡地把它描述出來。

8 你心裡顯然知道，自己的身體和生殖器官其實處於完好無損的狀態。當你了解這一點時，出現了什麼反應？

9 請給自己時間，慢慢察覺這一切，並讓自己跟隨所有你覺得正面和正確的事物。

10 最後請再次留意，頂住椅背的背部所承受的壓力，以及雙腳踏在地板上的重量。接下來，請你慢慢地把眼睛睜開，但仍坐在椅子上。現在請環顧四周，在經過這項練習後，周遭是否看起來不太一樣了？

我的羞愧課題（第三部分）

現在又到了書寫自己的羞愧課題的時候了。我建議你在羞愧日記裡另起一頁，並列出你在這段期間所意識到的羞愧課題，然後請你把這張羞愧清單，和先前那兩張做比較。我在下面再次詳列許多人經常抱怨的羞愧課題：

- 身體、體能和健康
- 家庭背景與出身的社會階層
- 當前的社經狀況
- 天賦、能力和職權
- 家庭關係和人際關係
- 性別與性徵
- 各種感覺

• 職業與成就
• 自我圖像

當你比較過自己先後寫下的三張羞愧清單後，請問：你產生什麼改變？當你意識到自己的羞愧課題時，心裡覺得如何？請以羅列重點的方式一一寫下你的新體驗，然後再往下閱讀第六章。

第六章

擺脫羞愧的心理練習

找回從前的自己

我們如何才能重新找回從前那個還未受困於自卑或愧疚的自己？有些心理治療學派會建議我們從自己的過往尋找根源，而談話治療就是要掌握案主意識裡所能憶及的過往經歷。

不過，人類可以清楚回想起來的記憶，頂多只能回溯到一歲半的時候，而且許多人最早的記憶也只在六歲或更晚的年齡。至於催眠或家族治療的方法，則有可能讓我們喚回學會說話以前的記憶，甚至還能窺知祖輩的在世經驗。

回顧過往通常毫無助益

現在讓我們看看那些從身心重創的經驗中，成功自我療癒的個案。

不論我們詢問曾參戰的軍人、在納粹大屠殺中倖存的猶太人，或曾被性侵的受害者，他們的回答都顯示出：當他們注意到過去那些慘痛的經驗時，通常不會處理那些經驗。由此可見，回顧過往對心理療癒來說，似乎不是必要的方法。依據我個人的觀察，回顧過往甚至會阻礙案主的心理療癒，因為，這種方法反而傳遞給案主「過去比此時此地或未來更為重要」的信息。曾有不少人因為回顧從前那些可怕的經歷，而更加認同那些負面經歷。

案例

H小姐在接受家族治療後，才憶起自己在童年時期曾被性侵，此後，她便認為自己是個「失去貞操的女孩」。

N先生在回憶自己的過往時，是把自己稱為「父母不希望生下的孩子」，因為他剛出生沒多久，父母就把他交給祖父母扶養。

由此可見，我們會依據別人對我們的作為（這兩個案例裡的性侵害和寄養）來定義我們自己。也就是說，我們會把「自己的經驗」當作「自我的認同」，這是因為我們相信，我們的遭遇就等同於我們自己。德國著名的心理神經免疫學教授姚阿幸·鮑爾就曾以「心理學會變成生物學」（Aus Psychologie wird Biologie）來說明這種現象。

我們如果陷入長期且程度輕微的羞愧裡，就會以自己童年時的觀點來看待這個世界。因此，讓自己轉向並進入未來是比較有意義的做法。請發現自己的「內在大人」，並善加利用它的資源、見識和綜觀全局的能力。

開創新的經驗

美國精神科醫師傑佛瑞．施瓦茨（Jeffrey M. Schwartz）曾指出：「如果你們想獲得不同的體驗，就必須透過新的感官印象來改變自己的大腦。」我們既無法為自己憑空臆想出新的自我圖像，也無法使自己從羞愧中掙脫。因此，我們如果要擺脫自責、羞愧、內疚等自我折磨的情緒，就必須開創零羞愧的新經驗。

接下來我對你的引導，可以讓你探索羞愧的種種面向，及其潛藏的原因，使你在生活中逐漸脫離羞愧。我在三十五歲以後所從事的心理治療工作，除了受到完形治療、行為治療、自我狀態治療（Ego-State Therapy）、哈科米治療、家族治療這些治療法的影響之外，還特別受到一些神經生物學取向的治療法的影響，諸如神經情感關係模式（NeuroAffective

Relational Model，簡稱NARM）、身體經驗創傷療法（Somatic Experiencing，簡稱SE）、感官動能心理治療（Sensorimotor Psychotherapy）和人際神經生物學（Interpersonal Neurobiology）。所以，我在本書裡提供給你的方法，不外乎想像、書寫，以及一些身體取向的治療法。至於要採用哪一種方法，就依隨你內心的感覺，畢竟沒有人能告訴你，哪一種方法對你最有療效。

與自身的生命力產生連結

請看第二三〇頁的圖9。在這張圓形圖中，中央淺灰色的部分是一個人的生命能量，也就是由個人所有特質所構成的生命力。由於這股生命力想要往外擴張，因此出現了七個向外突出的尖角。外圍深灰色的部分則是個人的羞愧，它的七個向內突出的鈍角在抵制個人往外擴張的生命力。透過一些心理練習，你便能連結自身原初的生命力，穿透羞愧的包圍，而讓生命力不斷向上突破。

在這張解說圖裡，生命力還化身為花朵，它們就類似蒲公英，一旦穿透路面的瀝青，它們的小花就會朝著太陽的方向生長。

圖 9　與自身的生命力產生連結以消除羞愧

羞愧
自我保護和自我壓抑（身體收縮的姿勢）。
生命能量
需求的滿足、好奇心、自我表達、向外擴張、活躍性、喜悅、愛戀、力量、健康的攻擊性，以及對自身獨立性的追求。
活躍性
穿透羞愧的圍牆，以突破的方式釋放出生命能量。

我使用的療法正確嗎？

你的身體就是最好的指標。你的理智會用一些進步的跡象來欺騙你，但你可以信任自己的身體。你只需要學會解讀身體所傳達的信息即可。

重視身體動作的身心平衡學派（Body Mind Centering）的創始人邦妮．柯恩（Bonnie Bainbridge Cohen）曾說過一句名言：「心理如風，身體如沙；如果你想知道風如何吹，就請觀察沙的飛揚。」[14]同樣地，你如果已脫離自卑或羞愧等負面情緒，就會出現一些徵兆，如下：

- 你會覺得比較放鬆，比較平靜。
- 呼吸會比較深緩。
- 消化功能和睡眠品質會好轉。
- 可以更清楚地察覺身體的各個部位。

14 資料出自Cohen, Bonnie Bainbridge: An Introduction to Body-Mind Centering, p. 1, 出版年分不詳。

- 覺得周遭變得生氣勃勃，多采多姿。
- 覺得更快樂。
- 更能享受家庭關係和人際關係。

請留意：當你擴大身體的活動範圍時，你的感覺會隨之擴展開來，你也會停留其中。請你記得探索自己隨感覺擴展時出現的改變，並給自己時間，慢慢地整合這些感受。

練習前的準備

為了盡可能把更多實用的心理練習寫進這本書裡，我決定刪除在每項練習的開頭，那些一成不變的、關於如何預做準備的指示。因此，請你在展開每項練習之前，都要先確認自己在接下來二十分鐘左右的練習裡，不會受到門鈴聲、手機、電子郵件或其他足以分散注意力的事物干擾。我會請你把注意力轉向自己的內在，好讓你在心境上為每項練習預做準備。15

我們的羞愧經驗、自我圖像和自我分裂都儲存在我們的身體記憶裡，只有在某種條件下，我們才能認識到這些存在於身體記憶裡的信息。如果我們在進行心理練習之前可以預作準備，便能主動察覺我們身體所傳達出的信號，進而分析並解讀它們。

那麼，到底什麼是身體記憶呢？

• 身體記憶

德國哥廷根大學神經生物學教授格拉德．胡特（Gerald Hüther）曾在一段視頻中[16]，談到一項探討記憶分子存在可能性的研究。

在這項研究所設計的科學實驗裡，有隻蟑螂被吊掛在一個小架子上，牠的下方則擺著一個裝有鹽水的玻璃培養皿。每當實驗人員把鹽水淋在牠身上時，牠便立刻抬高雙足並蜷縮起來。當牠一共被澆淋鹽水十次之後，實驗人員便把牠從小架子上解下，讓牠可以自由

---

15 如果你還不清楚該如何進行準備，請你上網到我的網站 www.stephan-niederwieser.de，點選首頁上方的「自主性」(Autonomie)，然後再點選「練習前的準備」(Einstimmungen)。我在該網頁下方的五小段視頻裡，會親自指導你，在進行本書的各項心理練習之前，應該預做哪些準備。

16 https://www.youtube.com/watch?v=5B9FVJvYk14

活動，而後再捉住牠。當牠再次被吊掛在小架子上時，便會自動把雙足抬高，即使實驗人員沒有再把鹽水淋在牠身上。換言之，這隻蟑螂前後只被鹽水澆淋十次，便已學會預期危險的出現。

當實驗人員把這隻蟑螂的頭部切下，以找尋其中可能存在的記憶分子時，卻有位學生還另外做了一個實驗：他把那隻蟑螂無頭的身體又掛回那個小架子上，雖然這隻蟑螂的頭部已被切除，但他每次把鹽水淋在牠身上時，牠依然都會抬高雙足。經過幾次澆淋後，牠的身體仍維持蜷縮的姿勢，而且一動也不動。

我們當然不可能在人類身上進行這種實驗。我之所以在這裡提到這項研究，是因為我們人類也跟蟑螂一樣，會把自身的經驗儲存在所謂的「身體記憶」（亦稱為「歷程性記憶」）裡。

舉例來說，我們都知道學騎腳踏車的身體記憶過程：我們在初次學騎腳踏車之前，都不知道該怎麼騎。一旦我們發現騎腳踏車的技巧後，只要稍加練習，便能「自動」學會騎腳踏車了。又比方說，我們一邊開車，一邊跟車內的人聊天，最後當我們到達目的地時，卻不記得自己剛才行駛過的路線，這是因為被我們內化的東西會自行運作的緣故。騎腳踏車、開車、煮咖啡或擺放餐具都是一些會自動發生、不需要經過思考的動作，只有當出乎意料的事情發生時，我們才會再度進行思考。

在身體記憶裡，我們不只儲存了開車的技巧和行駛路線的資訊，甚至還儲存了我們預期伴侶會出現的行為方式。剛認識時，我們會仔細地探究對方，後來我們的察覺和認知會逐漸進入身體記憶裡，只有讓我們感到訝異的事物才會改變我們對於對方的想法。因此，有些人跟伴侶在一起生活了幾十年後，才突然發現，自己其實根本不了解對方。

案例

G小姐的案例可以說明，成人世界的慣性羞愧所造成的效應。她曾向我描述以下的場景：某天，她想讓自己放鬆一下，便躺在家裡的沙發上看電視。後來她聽到大門傳來開門的鑰匙聲時，便立刻坐了起來，而且突然覺得心情緊張，不甚舒服。這是怎麼回事？因為，她的身體已根據大門傳來的鑰匙聲而預見，她的丈夫即將進入屋內。由於她已認同「我是懶惰鬼！我是廢物！」這樣的自我圖像，因此，如果被丈夫看到自己放鬆的模樣，會讓她感到自慚形穢。她的確相信自己就是懶惰鬼和廢物，因此會出現相關的反應。由於她預期自己躺在沙發上看電視會受到丈夫的指責，所以，不論她的丈夫後來是否為此而責備她，一旦只要她聽到開門的鑰匙聲，就會立刻坐好並把電視關上。

・佛洛伊德所謂的「無意識」

大體上，這種歷程性記憶很像佛洛伊德所謂的「無意識」。美國精神醫學暨人類行為學專家唐納・納生森教授（Donald L. Nathanson）認為，人類的無意識其實無異於「一座專門儲存令人難以忍受的羞愧經驗的倉庫。如果我們不想減輕羞愧帶給意識的負荷，那我們的心智（mind）[17]又何必把那些令我們感到羞愧的時刻，從我們的運作記憶（working memory）裡移除呢？」

・探究

我會在每項練習的開頭，再寫上一些指示，以便激發你探索內在世界對這些練習的反應。不過為了讓本書盡量提供更多的練習，我已大幅縮減這些經常重複出現的指示性內容。請你在這些練習裡，留意自身所發生的一切，不論是感受、情緒、思維、自我圖像、回憶、內在衝動、態度的改變、身體的反應，或一些早就想脫口而出的話。

・可能發生的事

毛毛蟲需要轉化自己的生命，才能蛻變成蝴蝶，而信任、停歇以及安於無所知悉都是生命的轉化。但告別舊事物，卻使我們承受損失所帶來的痛苦和哀傷，甚至不少人還因而感到憤怒。或許我們可以接受在幸福狀態下所發生的生命轉化，但隨之出現的新事物卻會帶給我們壓力，尤其是當我們的自我圖像受到質疑時。

我們如果要接受新事物，就必須勇敢地讓自己暫時擺脫對已知的固守，而進入未知當中，就像德國當代抒情女詩人希爾德・朵敏（Hilde Domin）在她的詩作〈只有一朵玫瑰作為依靠〉（Nur eine Rose als Stütze）裡，所寫下的詩句：「我把一隻腳高高地舉起，並任憑氣流將它帶走。」

17 德國人經常把英文的mind（心智）翻譯成德文的Geist（思想）或Verstand（理智），但這個英文概念的意思遠不只是思想或理智而已，它其實是意識、察覺、思考、判斷力、語言和記憶這些認知能力的總和。

當我們不再用自身的生命力來反對自己時，才會受到震撼。此時我們雖不認識自己所遇見的那個陌生、奇怪、虛假或甚至有違自我認知的自我，但也該鼓起勇氣來認識它。

案例

T先生的內心始終充滿焦慮和羞愧。當他在心理治療中第一次察覺到，存在於內心那種僵硬死板狀態以外的自我，並為之觸動時，感到恐懼萬分。畢竟突然感受到從未感受過的東西，對他來說是件很可怕的事。

我告訴他，我們剛擺脫生命的困境和自我懲罰，而首次察覺到一絲絲的自我同情時，通常都會出現這種反應。後來，他便慢慢接受了那個陌生的自我。

當你因為探索自我而感到恐懼時，請務必記得：即使你陷入自我退縮的狀態，仍是個訓練有素的人，並未因而失去探索自我的能力。你大可放心地用嶄新的觀點來觀察這個世界，從容地自問是否喜歡這個世界，而且不論什麼時候，你都可以回轉向內，面對自己的羞愧。

一些實用的心理練習

練習 22 探索自己對於羞愧的抗拒

近幾十年來，藉由書寫自我肯定的句子而讓自己對自身和這個世界產生不同的感受，是很受歡迎的方法。不過，我們的羞愧情緒實在過於頑強，光是靠幾個正面的肯定句，並不足以削弱或消除它們。因此，我們應該進一步利用這種正向的自我肯定，探索我們如何主觀地感受自己所面對的一切。

1 請瀏覽你先前寫下一些負面自我批判的那張紙，挑出其中一個自我批判，然後問自己，什麼是能抵制這個負面自我批判的自我肯定句？請在羞愧日記裡另起一頁寫下這個肯定句。

2 現在請你往後靠向椅背，並留意自己的內心。然後請你注意所坐的椅子，以及你腳下踩的地板，並刻意地一呼一吸。

3 請看一下你剛才寫的那個自我肯定句，並像陌生人在跟你說話那般地把它唸出來。

4 此時你出現了哪些想法和感覺？你察覺到身體有哪些感受和反應？現在你的身體最想做什麼？你是否出現內在衝動？

5 請把這些答案都寫在那個自我肯定句的下方。

6 現在請留意，當你察覺到自己對那個自我肯定句的反應時，感覺如何？你出現了什麼變化？

7 請把這些答案一併寫在羞愧日記裡。

下列這幾個肯定自己的句子，可以作為你書寫正面肯定句的靈感。請參考它們，並用自己的方式寫下一些自我肯定的句子。

「我是受歡迎的！」

「我的需求是重要的！」

「大家都喜歡我現在的樣子！」

「只有我知道，該如何按自己的想法來行事！」

「犯錯也沒關係！」
「我已經夠好了！」
「我這個樣子很好看！」

練習23 學習保有矛盾心理

「矛盾心理」是指相反的或相互排斥的意向、感覺或思維，概括地說，它就是一種分裂的心理狀態。

一九一〇年，瑞士精神病學家尤金・布魯勒（Eugen Bleuler）在一場以精神分裂症為主題的演講裡，首次提出「矛盾心理」的概念，並主張矛盾心理是精神分裂症的主要症狀。或許就是這個精神醫學史的背景，讓矛盾心理變得非常不受歡迎，而且也讓保有矛盾心理的人覺得自己有些不正常，因此他們往往認為，必須迅速找到解決矛盾的方法，但他們越給自己壓力，反而感覺越糟糕。

其實矛盾心理是完全正常的心理狀態，一般來說，人際關係和各種職業不也具有相互矛盾的兩種面向（既能幫助個體，也會限制個體）嗎？矛盾心理的問題，就在於我們相信自己應該放棄兩個矛盾意向的其中一個。我們在二擇一時，喜歡列出兩者的優缺點，逐項評估，而後比較它們的優劣並做出選擇。然而，矛盾心理根本的問題，卻未因此而獲得解決。

當我們想要得到或完成什麼，卻害怕因此而傷害別人時，也會產生矛盾心理。這麼一來，我們就會出現矛盾的言行，即使心裡想說「不」，嘴巴卻說「是」；或和別人約好碰面卻不赴約，又或勉強赴約，卻心不在焉。

在伴侶關係裡，矛盾心理被稱為「差異性」。同樣地，伴侶雙方也難以接受彼此的差異性，因為有不少的伴侶認為，自己應該和對方意見一致，畢竟差異性意味著彼此缺乏愛。其實這是錯誤的觀念，雙方的情愛與彼此想法不同是可以並存的，並不會相互排斥。

1 哪個生活領域讓你覺得自己是處於矛盾的心理狀態？請舉例說明。

2 請你挑選兩個小物件，分別代表這個內在矛盾的兩方，如果你有三個或三個以上的內在矛盾，請你分別為每個矛盾準備兩個易於拿取的小東西，例如鹽罐、餐巾、餐具等。

3 請你把這些東西擺在面前的桌上，依照你的感覺來決定它們的擺放位置，並讓這些兩兩成雙的小物件，呈現出兩者間明顯的二元對立關係。

4 現在請你察看自己那些相互對立的意向、需求或思維。如果你只是單純地接受這些矛盾的存在，心裡覺得如何？請留意自己的呼吸，以及身體的緊繃或放鬆。甚至你可能因為自律神經系統少量放電而流淚、起雞皮疙瘩、感到燥熱或寒冷。不論你的身體出現什麼反應，請讓自己只是單純地停留在這些感覺裡。

5 當這些感覺逐漸消退時，請你把注意力轉向桌上那些小物件。這些兩兩成雙的小物件之間的對立關係，是否已出現些許的改變？如果已經改變，請你依照自己的感覺來移動它們，並再次留意自己內心所發生的一切。

練習24 探索自己的羞愧課題

為了有距離地探索我們的羞愧課題，使某個羞愧課題和與之相關的羞愧都化身為可以看見的人事物，其實是很有意義的做法。

請你挑選兩個人或兩件物品（如：靠枕或便條紙），並分別為它們寫上或標示出它們各自代表的羞愧課題和你的羞愧。透過這種方式所察覺到的東西，可以豐富自己對該羞愧課題的認知。因為讓自己站在他人的角度，可以讓我們獲得不一樣的觀點，重新建立自我圖像。

• 透過兩個人來進行這項練習：

1 請盡量具體說出自己想探討的羞愧課題，並把它寫在一張紙上。例如，「我覺得身上有贅肉很丟臉。」

2 現在請你挑選兩個人，讓其中一位代表你的贅肉，另一位代表你的羞愧，然後再依照你的感覺來安排他們站立的位置。

3 現在請代表贅肉的人談談，他身為贅肉的感覺。他只需要表達當下的感受，無須對這些感受進行分析或解釋。例如，「我的手臂鬆弛無力」，「我想躺下來睡覺」。

4 當代表贅肉的人已經表達他當下的感覺後，請立刻讓那位因為自身贅肉而羞愧的人描述自己當下的感受。

5 在聽完他們兩人的說法後，就輪到你說話了。你現在覺得如何？你的內心因為這兩個人的觀點而發生什麼改變？你內心出現哪些衝動？你會被這些衝動影響，或覺得自己仍舊受到束縛嗎？你們這三個人當中，是否有人占有相對的優勢？那麼，另外兩個處於相對弱勢的人有什麼需求？請你們三人盡量了解對方，然後觀察接下來所發生的種種。

6 當你已充分聆聽並了解這兩個人時，也請他們依照自己的感覺來改變看法，並請他們以言語表達當下的自己。只要你覺得有需要，便可以重複這項練習。

7 最後，請你感謝這兩個人，並請他們停止角色的扮演，重新回歸真實的自己。

- 透過兩個物件來進行這項練習：

1 請盡量具體說出自己想探討的羞愧課題，並把它寫下來。例如，「我覺得身上有贅肉很丟臉。」

2 現在請你準備三件東西，讓它們分別代表你的贅肉、你的羞愧，以及你自己。然後依照你的感覺來安排這三件物品在地板上的擺放位置。

3 首先請你站在代表你自己的那個物件旁邊。當你看到其他兩個物件時，感覺如何？你的內心出現了什麼變化？

4 你認為，其他兩個物件會分別有何感覺？它們剛剛體驗了什麼？當它們被你看見時，可能會有什麼感覺？

5 然後，請你走到代表你身上贅肉的那件東西旁邊。當你站在這個位置時，感覺如何？位置的變換讓你的內心出現什麼變化？

6 最後，請你走到代表你的羞愧的那件物品旁邊。它和代表你身上贅肉的那件物品之間，存在著什麼關聯性？它和代表你自己的那個物件之間，又有何關聯性？

7 請你從一個物件走到另一個物件，同時隨著內心自然出現的內在衝動，自然地說出你內心想說的話。

依據我的經驗，利用這種角色扮演的練習來探索自我，是最有意義的事：如果你在練習時不抱持要達到任何目標的期望，而只是想讓自己和其他兩個角色相互認識和了解，並讓一切自然發生，便可以得到最大的收穫。

練習25 我可以擁有自己的需求

幼兒和孩童的需求如果沒有獲得滿足，就會造成嚴重的後果。當父母過於年輕，自己也需要幫助，或父母憂愁苦惱而無法解決問題，又或因為必須依照某種方式而使照顧孩子的能力受限時，便有可能無法滿足孩子的需求。育幼院或照顧員過少的日間托育中心的孩子，也會出現類似的情況。

這些孩子一方面難以忍受基本的需求無法獲得滿足，另一方面也無法失去與主要關係人（大多是自己的母親）的連結。但是，他們終究得在基本的需求和關係的連結之間做選擇。

但對孩子來說，這並不是選擇，因為孩子無論如何都得維持和主要關係人的連結，因而不惜斷絕自身的需求，並把衍生出的問題都歸咎於自己（例如「我要求過多」、「我是個累贅」），從而覺得自責愧疚。

1 請你坐在桌前，閉上眼睛，並專注察覺自己的內在。

2 現在請你寫下自己可以接受，以及無法接受的需求。你同意哪些需求，又拒絕哪些需求？哪些需求會讓你覺得難堪，又有哪些令你感到自責？

3 請你敘述自己會如何回應別人的需求。你是否會對這些人感到不耐煩？是否認為他們軟弱無能，又或不成熟？你是否瞧不起他們？

4 你相信別人會樂於幫助你，滿足你的需求嗎？還是你認為自己會被別人拒絕？

5 你的父母如何處理自身的需求？你家裡的儲藏室是否堆滿雜物？桌上的餐食是分量不少，還是剛好夠吃？你是否穿著質感好的衣服，享用美食，也會參加文化活動？

6 你的生活通常綽有餘裕或捉襟見肘？你對自己慷慨大方嗎？你會解囊捐獻嗎？你會收集廢紙和橡皮筋嗎？你是否難以捨棄無用的物品？

練習 26 照顧自己

我們如果相信自己的需求是過分的、多餘的、不適當的，或不光彩體面的，就常會走上那條「為別人而活」的人生道路。我們雖然努力幫助別人，為別人付出許多，或從事護士、看護這些照顧病人的職業，又或為了別人爭取權利而奮鬥，但我們的生命卻經常停滯不前，毫無成長。

1. 請你在這個星期刻意照顧自己，更甚於照顧別人，同時觀察自己的情況。這樣的改變讓你覺得比較舒服，還是比較難受？讓你覺得開心愉快，還是緊張煩躁？讓你和別人的距離更近或更遠？你現在又有什麼需求？

2. 請你在下個星期破例只照顧自己，而不照顧別人——除非你有孩子需要照顧。如果你從事照顧別人的工作，請你利用年假的時間，或至少利用國定假日的較長假期，進行這項照顧和探索自己的練習，並告知身邊的人你的安排。請留意自己在進行這項照顧自己的練習時，出現了什麼感覺。你在練習時，是否會覺得丟臉和有罪惡感？你可否堅持這個照顧自己的決定？

練習 27 溫柔地看著自己

我們之所以受到羞愧情緒的困擾，主要是因為我們贊同別人對我們的負面批判，也無法提出足夠強烈的異議來抵制這些負面的看法。不過，我們可以透過以下的練習步驟來改正這種情況。

1 請你挑選一個讓自己覺得有點難為情的課題。它可能是身體上某個被你挑剔，卻不至於讓你自我貶低的缺點。

2 當你關注這個羞愧課題時，體驗到什麼？請留意並記住這個體驗。

3 現在請你以溫柔且充滿體諒的眼神看著自己，就像一位慈愛的祖母看著正在玩耍的孫子那般。

4 此時你的內心出現什麼反應？你察覺到什麼？請留意你心裡已變得更輕鬆、更寬廣、更坦率的感覺，並進一步強化它們。

練習 28 與自己的羞愧交談

K先生是文字工作者，卻患有書寫障礙。只要他準備打電腦時，就會開始冒汗，並批評自己：「你根本在亂寫一通！都是寫些無關痛癢的廢話！誰會想看這種文章……」某次他在接受我的心理治療時，我便引導他，試著跟那個因為自我質疑而妨礙書寫的自己展開對話：

自我質疑的自己：「如果我交出一份寫得很爛的稿子，會發生什麼事？」

面對現實的自己：「編輯會退回稿件，請你修改！」

自我質疑的自己：「不過，如果這份稿件已糟到無法修改，那會怎麼樣？」

面對現實的自己：「它就無法刊登出來。」

自我質疑的自己：「那以後就不會有人跟我邀稿了！」

面對現實的自己：「反正你也不靠寫稿謀生……」

當這個對話經過一些時間而開始發揮效應後，K先生便不再畏懼自己的自卑，而克服了書寫的障礙，並順利完成應該交付的稿件。當他交稿後，也不再批評自己從前曾寫下的文稿。

1. 請讓自己面對一個稍微會覺得難為情的課題，並留意自己的情況。
2. 請想像自己因為這個羞愧課題，而受到別人的注意。
3. 在所有可能發生的事情中，什麼是最糟糕的？
4. 接下來，可能會發生什麼？
5. 再接下來，還可能發生什麼？
6. 請不斷問自己這些問題，直到你發現，自己的心情已經變得輕鬆為止。

練習 29 透過區別，去除既有的身分標籤

長期以來，我生命裡一直帶著「父母離異的孩子」的自我圖像，後來我認識到，我的父母只不過是離婚罷了，於是我才把這件往事，從自我圖像中剔除。

請你留意這前後的差別。只要我還把自己當作「父母離異的孩子」，我就會把自己的身分認同（存在的層面）建立在父母從前的某個（自己根本無法影響的）作為上，所幸我後來體悟到，父母離婚是他們當時的決定，和我根本沒有關係。這樣的體認當然沒有解決我所有的問題，但我的身分認同便從此不再與別人的作為有任何瓜葛。

我們喜歡把人事物簡化為某些標籤，因為，標籤化思考可以讓我們的生活變得更加輕鬆。我們會使用「養子」、「育幼院院童」和「問題兒童」這些詞彙來指稱某些孩子，也就是把他們的際遇當作他們的身分標籤，而他們也會接受這種身分認同，因為他們相信，自己就是「自己所經歷的東西」。

要孩子擺脫這種身分認同是不可能的事。孩子的心理都以自我為中心，因此會自動把周遭發生的一切和自己聯繫起來。那麼，難道我們必須一輩子都停留在這種狀態嗎？其實我們還有其他的選擇：只要我們懂得區別「自己」和「自己人生際遇」的差異（即「去除認同」），就會質疑這些身分標籤，繼而把它們從自己身上撕除。

・區別法一

1 請舉出一個你自己認同的身分，例如「育幼院院童」。

2 這個身分認同是建立在哪種情況、哪種經驗或親人的哪種作為之上？請以一個完整的句子回答這個問題，例如「我是個被送進育幼院的孩子」。

3 請你在這個步驟裡，為上面的句子加入與之相關的行為者：「我是個被自己的母親送進育幼院的孩子。」

4 如果你知道這件事的緣由，請為上面的句子加入相關的原因，而且必須依據相關行為者的觀點：「我是個被自己母親送進育幼院的孩子，因為她當時認為，沒有能力養育我長大。」

5 現在你對上面這個句子有何感覺？你現在會如何把自己從前的經歷，和自己的身分認同劃分開來？

為了撕除自己的身分標籤，你也可以把別人辱罵自己的言辭當作練習的對象，例如「你是個廢物！」在這個練習裡，你可以把這個短句擴充為：「我爸爸罵我是廢物，因為他認為，我立志要成為演員是個很糟糕的決定！」

・區別法二

就像我在前面談到的：我們之所以為了別人羞辱我們的言詞而感到自卑、難堪，正是因為我們認為自己確實如對方所說的那樣，當我們認同這種極其錯誤的自我圖像時，不只會讓我們的羞愧繼續存在，還會阻礙我們接觸真實的自我。如果我們無法接觸真實的自我，就甭提要進一步認識真實的自我了！

1 請舉出一個你所認同的自我概念，比方說「我並不重要」。

2 請給自己一點時間留意內心的想法。

3 現在請你想像一下，如果自己最要好的朋友告訴你，他不斷用上面那個句子批判自己，你會怎麼規勸他？你在勸他時，又會做出什麼手勢？

4 請大聲說出自己對他的勸告，並注意自己的內心出現了什麼變化。現在請你再擺出剛剛出現的那個手勢，並注意你的內心有什麼感覺。

5 當你察覺到這些變化時，心裡覺得如何？你只要讓自己停留在這種感覺裡即可，什麼事都不用做。

・區別法三

將自己和既有的身分標籤區別開來的第三種方法，就是把這些負面的自我批判只當作我們純粹的想法。我們可以對自己說，「噢，我怎麼又出現這種想法了?!」或將這些自我批判視為陌生且不友善的，是來自於他人的說法。

練習 30 用溫柔的眼睛看待自己

當我們以負面觀點來批判自己，但又想擺脫這種批判時，我們只能讓自己站在自身的對立面，並認同這種他方的觀點。如此一來，我們就會不再以原有的觀點來看待自己。

1. 在哪一種情況下，你會改用別人的角度來看待自己？其實你也可以透過別人的觀點來探討你的自我批判，因為你往往會接受別人的看法，至少你以前都會接受跟自己比較親近的人的觀點。現在請你以第一人稱重新書寫別人對你的看法，例如：「別人對我不好，是應該的！」

2. 請把雙手輕輕放在雙眼上，並以關愛的語調說：「我這雙溫柔的眼睛……我這雙溫柔的眼睛……我這雙溫柔的眼睛……」就像你在跟自己心愛的孩子說話那樣。

3. 請以這雙溫柔的眼睛一一審視你那些負面的自我批判。當你在思索負面的自我批判時，就用這雙溫柔的眼睛看待自己。請問，你現在覺得如何？

案例

S小姐打算和她先生分居，因為她覺得自己沒有受到他的關注、傾聽和重視。

當我在心理治療裡，和她一起探討她身體自動出現的羞愧反應時，她的腦海裡便浮現出一幅兒時景象：她站在一張有欄杆的小床裡，叫著爸爸媽媽，但她不僅沒有得到回應，爸爸還對她大聲斥責。她隨後總結這段回憶：「我實在太吵了！我是個躁動的孩子！爸爸在外面工作很辛苦，在家裡應該需要好好休息。」

當我帶著S小姐做完以上的練習後，她才透過自己那雙溫柔的眼睛發現，父親當時那種怒氣沖沖的反應曾讓她受到多大的驚嚇啊！她開始同情自己，而終於擺脫「我太吵了！我是個躁動的孩子！」這樣的自我批判，因為她很清楚：「我當時只是需要父母的擁抱。」

後來，她不僅沒和先生分居，反而還可以從另一種角度看待他，後來她也覺得自己比較受到他的關注。

練習31 觀察自己的道歉或不道歉

當我們向別人說「對不起」時，其實是過度簡化道歉這件事情。

其實，我們只是想跟別人道歉，但真正讓我們完成道歉的前提卻是，身為道歉者的我們可以獲得受損之對方的贊同。畢竟真正的道歉是要請求對方原諒，然後對方才有機會審視自己所遭受的損害，並決定自己是否要回答「沒關係！」或要求我們做適當的補償。

另一方面，我們也會為一切可能需要道歉的事情而向別人說「對不起」，雖然有時候根本沒有道歉的必要，比方說，我們在百貨公司裡向店員詢問商品，或在咖啡廳裡向服務生取消點餐時。我們常把「對不起」或「不好意思」掛在嘴邊，可是我們到底有什麼錯？只因為我們麻煩了別人？其實，這是因為說聲「對不起」可以改變自己和對方的關係。更確切地說，當我們以道歉來貶低自己（也就是讓自己感到羞愧）的同時，也在提高對方的地位。

在接下來這個星期裡，請你留意自己在什麼時候、因為什麼事情會向別人說「對不起」。請寫下當時的情況，並在家裡平心靜氣地再度檢視這些情況，然後問自己：我的道歉是否適當？在禮貌上，我的道歉是否過度？還是不足？

不過，這種對於道歉的評估，卻無關乎自己下次行為的改變。我認為，你如果回答以下這兩個問題，其實會更有收穫：「當你設想，自己終於為了或許應該道歉，卻一直在迴避道歉的事情而道歉時，你的內心出現了什麼反應？」或者，「當你挺身維護自己的權利，而不再一味地向別人說抱歉時，心裡覺得如何？」

練習 32 意識到自己的過錯

在充滿過錯和羞愧的環境中成長，且自我界限不斷受到侵犯的人，由於未受到正常的引導，往往在童年時便已出現違法脫序的行為。他們會公然或暗中侵奪別人的財物，或傷害別人，而且受害者大多是比他們更弱勢的人。即使他們當時的所作所為情非得已，但這些犯行卻成為他們日後慚愧的根源，因為他們會把「我曾經犯錯」解釋為「我是個壞人」。

由於他們似乎無法克服這種交雜著過錯與愧疚，且大多形成於童年時期的困境，因此，他們必然會透過各種辦法，好讓自己不會意識到本身的困境，比方藉由吸食毒品、欺壓別人或從事其他具有危險的行為方式。而且他們對該困境的解釋，通常和事實有很大的出入。

如果你對自己某些過往經驗的反應過於嚴厲或過於寬容，不妨進一步探索自己和這些經驗相關的生命歷程。

1
當你對偷竊、吵鬧或暴力攻擊的孩子出現過度反應時，請你自問，自己從前曾在何時偷竊、侵犯或干擾別人？

2
你還犯過哪些錯誤？有誰曾因此而遭受損失或傷害？請用你現在成人的眼光來審視自己從前的過錯。

3
現在你是否找到合適的方式讓自己不再犯這些過錯？為此，你勢必會說出哪些話，或採取哪些行動？從這些言行裡，是否產生了些許正面的東西？

4
請不要過度補償自己從前的過錯，也請不要過度自責，因為，從前那些曾吃過你虧的人，不僅不會因為你的過度補償而獲得任何好處，反而會覺得不好意思而必須關照你。

5
請你原諒自己。

練習33 稱讚自己的進步

自卑的人一向都認為自己很糟糕，而且會持續專注於某些自己（仍）不贊同的部分。因此對羞愧者來說，經常讚許自己的進步，是個值得嘗試的做法。

1. 請你花十五分鐘描述從前某一個你相當贊同自己的情況。這種情況會讓你有何感覺？你是否注意到它特別的某個點？請留意自己的呼吸、身體的緊繃、姿勢、感受和感覺。你的自我圖像在當下看起來如何？
2. 為什麼你在該情況下會如此稱讚自己？
3. 當你確定可以稱讚自己，也可以運用這種理解自我的能力時，心裡覺得如何？

此外，還有另一種做法：除了讓自己回想起某些正面的情況外，你也可以舉出某些你認為有價值，且無條件贊同的生活領域或生活面向。請每週至少一次寫下你認為自己具有正面價值的地方，最好也把這種每週例行的書寫排進時程表裡。

練習34 能讓自己獲得幫助的人際網絡

人類是社會性的動物。與別人產生連結是我們的生物本能，畢竟我們都無法獨自存活在這個世界上。

許多研究已經證明，我們如果覺得自己與別人互有連結，就比較能克服自己所面臨的挑戰；我們如果可以把和別人建立連結的正面經驗整合入生活裡，就可以進入和別人連結的正常狀態；如果我們越能把這種人際交往的正面經驗整合入生活裡，我們的生活就會越輕鬆，尤其在認知、情緒和生理等各層面更是如此。

然而，我們也用羞愧築起人我之間的那道圍牆，從而阻礙或中斷了我們和別人之間的連結。因此，當我們感到羞愧時，就會覺得孤單無靠，沒有群體歸屬感。

1 請把注意力轉向自己的內心。

2 你即將為自己成立後援會，請為它敞開你的內心。

3 請在內心觀想，讓某位你覺得願意幫助你的人出現在你面前。你會受到他的激勵或鼓舞，而且你很佩服他的生活態度或處理問題的態度。所以，請你問他，是否願意加入你為自己成立的後援會。如果他表示願意，請對他的加入表示歡迎。

4

接下來，也請你以相同的方式，邀請以下這些人成為你的後援會成員：

- 他們不一定在各方面都百分之百支持你，你可能也和他們持有不同的政治立場，但你可以信任你們之間誠摯的情誼。
- 這些人現在不一定和你有接觸，例如他們可能是你已過世的祖母或童年時的鄰居。
- 他們也不一定是你認識的熟人，例如對方可能是你特別關注的歷史人物。你只要留意，自己有受到他們支持的那種感覺即可。
- 此外，邀請不同特質的人加入你的後援會，也是不錯的做法。例如，你認為很懂得養生、擅長手工藝、精通財務管理的人，或在某些特定的領域能提供你所需要的幫助的人。
- 他們不一定是人類，也可以是（保育類）動物、神祇、神話寓言裡的飛禽走獸（屬於超自然層面），或自然界裡的精靈鬼怪（可藉此強化自身與大自然的連結）。
- 最後，你還可以依照自己當前不同的需求，隨時調整後援會的成員，也就是繼續招募新成員，並淘汰舊成員。

5 當後援會的所有成員都已接受徵召時，請大家都聚集在某一個房間裡、某一片林中空地上，或讓他們圍坐在野外生起的營火旁，然後加入他們。請你環顧圍繞在身邊這些充滿善意的成員，並允許他們支持和協助你，之後也請你感謝他們的陪伴。現在請留意，你內心如何關注這些成員的出現。當你確信自己可以獲得他們的支持時，你的感覺如何？請多給自己一些時間，好讓自己可以沉浸在這種受到支持的感覺裡。

往後只要你面臨挑戰，就可以動員這個後援會：在心中把這些成員召集到面前，並請求他們的幫助。

練習 35 如果事實與你所想的相反呢？

許多人都以思維、言詞或聲音的方式察覺自己的羞愧，並用它們來監控和評斷自己，甚至是貶低自己。接下來的練習就很適合喜歡使用「每當……就會」句型的羞愧，例如：「每當我試著跟別人接觸時，就會被拒絕。」

1 請你從自己用來壓抑自身某些面向的「內在法則」裡，舉出其中一個法則，並依照你的感覺，把它寫成一個具體的句子，例如：「每當我願意表現自己的弱點時，就會被嘲笑。」

2 那麼，與這句讓你覺得丟臉的話的相反意思是什麼？或許是：「每當我願意表現自己的弱點時，就會引起別人的重視。」

3 然後請寫下，你認為如何才能消除羞愧念頭的方法。

4 如果後來別人的回應確實證明，你原本的羞愧念頭（例如：「每當我想著跟別人接觸時，就會被拒絕。」）的反面才是真實的，你會覺得如何？這可能讓你獲得哪些不同的體驗？這可能對你的日常生活產生哪些效應？

5 這還反映出你的哪些情況？

練習 36 認同自己的性別，以真實的面貌存在為榮

你是否覺得自己的性別不符合父母的期待？以下的練習，可以讓你不受父母的這種期待所影響：

1 請閉上眼睛，並把注意力集中在自己身上。

2 請用想像力回到自己剛出生的時候，並回答這個問題：「父母曾因為你的性別，而如何對待你？」當你回答這個問題時，請不要讓自己受到別人曾告訴你什麼，或你相信自己知道什麼的影響，同時請留意自己的身體出現什麼反應。此時，你只要注意內心所出現的種種感覺或想法，不要加油添醋或有所增刪。

3 然後請你自問，你希望父母如何對待自己？

4 請你想像，父母會依照你的期待來接受你的性別，然後請你對自己的性別表達看法。如果它只是一個手勢或身體接觸，也請你做出這個動作。

5 請你留意，自己獲得哪些不同的體驗，並給自己一些時間來整合這些體驗。

練習 37 建立自我界限

為了獲得安全感，我們需要建立明確的自我界限，但這絕不是理所當然的事。

當我們剛出生時，設立自我界限對我們實在毫無助益。畢竟幼兒為了獲得所需要的照顧，會持續地依賴自身與照顧者的身體接觸。因此，在生命的初期建立自我界限，是不恰當的。隨著時間的推移，幼兒後來雖仍依賴照顧者，卻也逐漸發展出自我界限。幼兒發展健康的自我界限的前提就在於，其照顧者可以同時察覺、留意自身以及幼兒的自我界限。

然而，幼兒的自我界限不只會受到其主要關係人的侵犯，在日後漫長的人生裡，還潛藏著許多這方面的危險。幼兒剛出生時，不論躺在醫院嬰兒室或接受醫生的看診，都有可能遭受嚴重的侵犯，只不過這種情況經常被忽視罷了。

曾有一位在嬰兒室工作的護士告訴我，新生兒在醫院裡被一群前來實習的醫學系學生抱來抱去，雖然這樣做可以讓這群學生強烈體驗到幼兒與別人之間的連結，這樣的體驗對他們很重要，也令他們印象深刻，但這卻傷害了這些新生兒，而且是在他們人生最重要的時刻。當他們呱呱墜地後，其實只需要發展自身對這個世界的安全感，也就是和自己母親的身體接觸。

我們的自我界限如果曾經受到侵犯，之後在建立自我界限時，總是會回想起這段充滿負面情緒的受創記憶。有些人往往對自我界限的建立感到恐懼，而且不願再跟別人接觸，因為他們相信，別人會羞辱或拒絕他們。由此可見，羞愧機制在這裡也會阻礙我們建立健康的自我界限。

1 請用一條大約十公尺長的繩子，在地板上用它圈出你所認為的自我界限。它可能是圓形，也可能是橢圓形，總之請你信任自己的感覺。

2 現在請你走進這個鋪在地上的繩圈裡，讓自己在裡面走動，並持續意識到，繩圈以內就是你的空間。至於誰可以在何時進入這個繩圈內停留多久，又可以多靠近你，則完全由你來決定。當所有的人、動物和物件都尊重這個繩圈內的空間時，你心裡覺得如何？

3 這個繩圈是否合乎你對自我界限的感覺？它應該更大或更小？請讓自己完全停留在

當下的體驗裡。

4 現在請你留意內心出現什麼改變？請特別留意你後來所感受到的放鬆、愜意、生活樂趣的增加，以及你身上所出現的內在衝動或想表達的想法。

5 那麼，地板上的繩圈是否也因此而會有所改變？你希望它變大或變小？請你跟隨自己的內在衝動，並再度留意內心因而出現的變化。

練習 38 我可以喊「停」

在日常生活中，自我界限被別人侵犯的情況並不少見。當這種情況發生時，我們有幾個不同的回應方式可以做選擇：忍耐、退縮和出擊。大部分的人都會不假思索地反擊對方，同時又自卑地認為，自己沒有資格獲得別人的尊重。

1 請立正站好，並察覺腳下所踩的地板，以及背部肌肉展現的張力。

2 請讓自己處於高度覺知的狀態，好讓自己可以探索內心世界的改變。

3 現在請把你的雙手向前伸展，好像要把別人從自己身上推開那樣。這時你有什麼感覺？你的手臂是否有力？當你在做這個動作時，是否明白自己為什麼要這樣做？

4 現在請把雙手向兩旁伸展。現在你有何感覺？

5 為了標示出你的自我界限，請以自己的身體為圓心，在面前畫出半個圓圈，然後立刻在原地轉身，再在前面畫出另一個半圓。

練習39 在心裡拉開與別人的距離

當我們在面對某些不得不與之來往的人——例如同事和鄰居等，有時會「無法保有自我界限」。針對這方面的問題，我也設計了一個簡單的練習：

1 請你用某個物件象徵某位你必須相處，但卻侵犯了你自我界限的人。靠墊算是合適的物件。

2 請把代表那位侵犯者的靠墊放在面前的地板上，並依據你覺得這位侵犯者在目前的生活裡與你有多貼近，來決定這只靠墊與你的距離。通常這只靠墊會離你很近，多半會碰到你的腳趾，或甚至已壓在你的腳背上。

3 現在請在你所身處的、安全的周遭環境裡，察覺這只靠墊因為與你的貼近，而在你內心所引發的種種反應。

4 現在請把這只靠墊從自己身邊往外推離幾公分，同時留意自己身上所發生的一切，包括呼吸、姿勢、思維和感覺等方面的改變。

5 然後請慢慢把這只靠墊再往外推離幾公分，直到你覺得自我界限被侵犯的問題已顯著改善為止，在這個過程中，記得讓自己保持覺知狀態。隨後你會發現——舉例來說——自己在深吸一口氣後，身體已開始放鬆，你已挺直腰桿，或覺得四肢比較有力。如果你在進行這個步驟時，把靠墊從身邊推離好幾公尺遠，也不要覺得訝異。

無論如何，這項練習與如何在生活中拉開與別人的距離較無關聯，它比較著眼於如何刻意讓自己體驗到把別人從自己的身邊推開，並讓這個體驗在身上發揮效應。一開始，你甚至有可能聽到內心浮現的許多聲音：「你不可以這麼做！」「他並沒有這麼想！」或「你這麼做會傷害他！」等。其實認識到自己有多抗拒與別人保持距離，也是種進步。請你注意並寫下自己對於這方面的「抗拒」，然後在接下來這幾個星期裡，找出你抗拒的原因。

為了持續保有自我界限，你可以重複進行這項練習。因為你所建立的自我界限不會恆久不變，而且你也無法在任何情況下都察覺到自己的自我界限。

練習40 接受自己的怨恨

在基督教文化裡，怨恨是無法存在的，因此我們（德國人）會告訴自己，應該試著原諒和遺忘別人的過錯，即使很少有人能真正做到這一點。

許多人都相信自己已原諒和寬恕別人的過錯，但實際上他們是把自己對別人的怨恨埋進深層意識裡。他們隱藏在深層意識裡的怨恨，已經不再針對曾冒犯他們的人，而是轉化為他們自身的煩悶、惱怒和抑鬱不滿，而且他們會把這些負面情緒發洩在未曾冒犯他們的人身上。

你若要處理「怨恨」這個課題，我建議你改採另一種全然不同的方式：請直面、探索並接受自己的怨恨。怨恨其實蘊含着許多愛與力量，儘管這種說法實在令人難以置信。所以，請不要再壓抑自己的怨恨，而是向怨恨以及怨恨所隱含的東西敞開你的內心。畢竟接受自己的怨恨，才是擺脫怨恨的關鍵。

請回答以下的問題，並寫下答案。你可以每天回答一個問題，或一次就回答所有的問題。我建議你應該多給自己一些時間，慢慢回答每一個問題，而且不要對自己第一次所寫下的答案就覺得自滿。你應該重複回答這些問題，並嘗試不斷寫下新的答案。

- 你對怨恨有什麼看法？
- 你在什麼情況下體驗過怨恨？
- 逃避怨恨的做法，有哪些正確的原因嗎？
- 你在什麼情況下體驗過內心的平和？
- 當你放棄內心的平和而直面自己的怨恨時，這種做法可以讓你擺脫什麼？

練習 41 甩開負面的想法

我們會用負面的想法、自我批判和自我傷害來折磨自己，而且這種做法還讓我們誤以為自己應該嚴正地看待它們。但其實我們也可以直接而明確地告訴自己：我不要再這樣自我折磨了！只要你把負面的自我批判，僅僅當作是自己的想法，當作是不斷流經自己腦部那條永不止息的河流的一部分，這些自我批判對你的影響便自然會減少。

對我們有益和有害的想法其實很容易區分開來：前者可以增進我們的內涵和活力，讓我們覺得更輕鬆、更有自信、更能享受玩樂；後者則會使我們心情沉重、麻木無感、喪失行動力、焦慮恐懼，同時還流失生命的能量。我們只要留意身體所出現的感受，便能立即察覺有益和有害想法之間的差異。

1 請把一隻手向上舉高，手心朝上。

2 現在請你觀想，有人把一個熱騰騰的馬鈴薯放在你的手上。此時你會出現什麼反應？沒錯！為了不讓自己燙傷，你會迅速翻轉手心，讓那塊馬鈴薯掉在地上。現在請你讓自己立刻做出這樣的反應，即手心迅速朝下翻轉。請多次重複這個動作，直到你手部關節的運作流暢為止。

3 接下來請你訓斥自己某個負面的想法，而後把一隻手向上舉高，手心朝上，並觀想那個負面的想法掉進自己的手心裡。然後請你把手心朝下翻轉，好讓這個壞念頭也隨之掉落。此時你體驗到什麼？你的身體發生什麼改變？你的察覺出現了什麼變化？

4 當你多次反覆進行這項練習，而變得很熟練時，請把這個技巧也運用在日常生活中，甚至在公共場所，以及他人在場的地方也可以進行這項練習。此時你的動作不一定要完全到位，只要用手在頭上畫出一條簡單的弧線就可以了。

練習 42 累積正面的經驗

我們只要把「〈練習41〉甩開負面的想法」稍微修改一下，便可以把它的運作原則應用在正面的想法上。

每當你讚美自己或對自己持有正面看法時，請你在觀想裡，把這些讚美和想法放在你某隻手的手心上，然後再把這隻手貼放在心臟部位。此時你出現什麼感覺？請你用「我值得獲得親切而友善的對待」這個想法反覆進行這項練習，直至熟練。此外，你也可以在日常生活中，以不引人注目的方式練習這個動作，久而久之，它就會成為你的習慣性動作。

練習43 面對自己的無助

「父母年紀越來越大，而且身體狀況不好；隔壁鄰居跌斷了腿；年幼的女兒一直吵著要出去，但我卻找不到值得信任的保母來陪她……」處理患者的無助感對許多精神科醫師來說是個棘手的問題，但為了救助患者，醫師勢必得試著治療他們。

對許多醫師而言，無所作為會讓他們感到內疚。他們實在難以接受自己對負責的個案毫無幫助，所以只好硬著頭皮對案主進行一些治療。我認為，目前許多治療無助感的方法並沒有真正的療效，其實只要讓患者發洩他們的無助感，便可以達到自我療癒的效果。

當我們在處理自己的心理創傷時，一定聽過這樣的建議：「你會看到在無助感和無力感的背後，存在著自己的心理創傷。」不過，這種說法卻很容易讓人認為：我們雖然「應該」擺脫無助感和無力感，但其實根本做不到。這就像我們在生活裡採取最營養的飲食方式，卻還是罹患癌症；努力學習自我界限的建立，卻還是受到別人的侵擾；努力尋找可以共度一生的伴侶，至今卻依然單身。

沒有任何情況，會比面對死亡更能讓我們清楚看到人們的無助。因此，留在臨終者的身邊實在令人難以忍受，而這也難怪許多人都想避開這種情況。臨終者會說什麼？彌留狀態還會持續多久？臨終者又是如何面對死亡的恐懼？

嚴格地說，無助是人類的基本心理狀態。否認自己的無助，反而有害自身的心理健康，並且大大助長我們的內疚。「我應該克服自己的無助」，我們會這麼告訴自己。

錯！我們如果要克服自己的無助，什麼都不做其實才是正確的做法：

1 每天花十五分鐘，讓自己處在自身的無助感裡。

- 當你面對自己的無助時，你的生活看起來如何？
- 當你接受自己的無助時，內心有何感受？
- 當你接受自己的無助時，是否產生不同的體驗？

2

請寫下你對以上問題的答案和反應，或談論你對無助這個課題的探索與認識，同時用手機把這段話錄下來。

對於自幼必須為關係不睦、爭鬥不休或離異的父母操心的人來說，探討無助這個課題特別有益。在這種家庭環境裡成長的孩子，不只深信自己負有某些責任，甚至還（無意識地）為自己所承擔的責任自豪。由於他們為此很引以為傲，因此當他們長大後，還認為是自己解救了婚姻不美滿的父母。這種源自於童年困境的驕傲和自豪，其實是他們不願承認，自己曾經承受過於嚴峻、本應感到憤怒的生活挑戰。

練習44 向別人求助

就像我在前面的「〈練習34〉：能讓自己獲得幫助的人際網絡」裡所提到的，相互依賴是人際之間正常的關係。從我們在母體裡受精的那一刻起，這種正常的相互依賴，已是我們先天的需求機制和行為機制的一部分。向他人求助就是人際相互依賴的表現方式之一。

1 請專注在自己身上，並讓自己處於覺知狀態。

2 當你靜下心來後，請回答以下這些問題：

- 當你請求別人幫助時，曾有過什麼經驗？
- 你現在會請別人幫忙，而不是靠自己獨力完成一切？

3 向別人求助，曾帶給你哪些感受？

練習 45 允許自己表現脆弱的一面

你還可以進一步挑戰自己，也就是不用言語，而是用手勢來表達自己的請求。

1 請立正站好，並讓自己處於覺知狀態。

2 請張開雙手，手心朝上，然後舉起雙臂，做出請求的手勢。

3 此時，你的內心體驗到什麼？這個請求的手勢在你內心激發了什麼？它喚起你哪些回憶？你現在想立刻中斷這項練習嗎？你現在想離開這裡嗎？這個手勢會讓你潸然淚下，還是感到憤怒？

4 請仔細探索自己，然後透過下列問題，深入分析你對這個請求手勢所出現的反應。

- 我預期，周遭的人將對我的請求做出什麼反應？
- 此時，我如何以不同的方式做出反應？
- 然後會出現什麼改變？
- 當相反的情況出現時，我又會如何反應？

練習46 自我的各個面向

我們普遍認為，每個人都有一個像「我」這樣的存在體。我是……我要……我有……「我」這個觀念也意味著，「我」是某種靜態的、經久不變的重要存在體。由於我們對「我」普遍抱持這種觀念，因此，羞愧者的負面情緒便成為涵蓋自身一切的事實，這種情緒彷彿是羞愧者全部的自我，也是唯一的成分。

然而在心理治療裡，羞愧者的自我看起來卻不是如此。因為當我們感到愧疚時，羞辱者、批評者、判決者（內在的裁判官）或異議者（內在的辯護律師）便很快會出現在我們的內在世界，但他們都不是我們內在世界裡的陌生人，而是自我的各個面向。更確切地說，我們往往認為他們的意見是別人的觀念和想法，但其實它們也是我們自身的一部分。

透過以下的練習，你便能探知，你的自我有多麼靈活而多變。

- 我如何體驗不同的自我？像是作為父親、母親、伴侶、員工、老闆、室友或讀者的自我，作為有所感覺之人、敏銳善感者，以及其他所有面向的自我。
- 在這些不同的自我之間，存在什麼樣的相互關係？
- 在不受到別人和社會影響的情況下，我希望自己是個什麼樣的人？
- 我認為，別人對我的期待是什麼？如果依照我父母的想法，我應該成為什麼樣的人？又絕不可以成為什麼樣的人？或者，我絕不可以出現什麼轉變？

練習 47 我可以依偎在某人身邊

你在前面已經讀過，當我們出現羞愧反應時，會迴避他人或自我退縮。這種現象也出現在我們和別人有身體接觸的時候，尤其當我們認為自己很醜陋、不夠好、會拖累別人，或向別人提出太多要求，而不敢跟別人的身體接觸時。只有那些不會對自己所渴望的身體接觸感到羞愧的人，才能獲得讓自己有安全感、溫暖而放鬆的身體接觸。

・方法一

1 請讓自己輕鬆地坐下來，並覺知你當下的感受。

2 現在請你觀想，自己正依偎在喜愛的人身邊，而且依偎的方式和緊密程度完全合乎你的期盼。你可以躺在他的懷裡，讓對方的手臂環抱著你，或你希望他的手可以撫摸你的頭部。

3 此時，你體驗到什麼？這個觀想讓你感到放鬆，還是不舒服？你可以接受這樣的觀想嗎？你的肺部呼吸和腸道消化，對這個觀想出現了什麼反應？

・方法二

1 如果你有伴侶，也許你可以試著在真實的對象身上，進行這項依偎的練習。

2 為了讓自己在練習時，充分且不受干擾地沉浸在依偎的感受裡，你最好事先向伴侶解釋，你需要他參與這項練習。請預先和對方約定練習的時間，通常五分鐘就夠了。

3 當你做完練習後，可否把你剛獲得的依偎經驗表達出來？此外，也請你察覺自己身上所出現的其他相關反應，並把它們全部記錄下來。

練習48 探索自己為何避免與別人親近

如果你在「〈練習47〉我可以依偎在某人身邊」裡發現，那些練習步驟反而讓你抗拒和別人的身體接觸，不論是抗拒的想法，或產生抗拒的畏縮姿勢，都請你進一步探究，自己如何透過抗拒那些經由身體接觸而獲得心靈滿足。或者，你負面的自我批判，如何阻礙你享受和別人的身體接觸：例如：「他一定覺得我太胖」、「因為我拜託她，所以她才願意讓我接近」或「我會奪走他所有的能量」。如果你發覺自己的內心出現這種抗拒，請你問自己以下的問題：

- 為什麼我會抗拒和別人身體的接觸？
- 為什麼我不接受和別人身體接觸時所帶來的溫暖？
- 如果我現在沒有享受和別人身體的接觸，可以為我帶來什麼好處？

練習 49 其實我這個人還不錯！

如果你能更確切地觀察自己所有的羞愧課題，便可以發覺：只要你覺得自己整體上，或有哪些地方表現不妥，就會感到自責。由此可見，我們內在必然有某個部分，總是在期待自己可以被別人接受：「如果我呈現出真實的樣貌，我看起來還ＯＫ嗎？」「我必須表現出什麼樣子，別人才會接受我？」或「我必須隱藏自己的哪個部分，別人才會接受我？」

請依據以下的問題和指示，寫下自己內心的想法：

- 如果你表現出真實的自我，會發生什麼？
- 請舉出當你在表現真實的自我卻不被接受時所學到的經驗。只要舉出這些經驗即可，不需要進一步分析它們。
- 當你已不在乎別人對你的看法時，你打算如何過生活？

當你在書寫這份內心觀察時，記得留意身體出現了什麼反應。

練習 50 跟自己的內心批判者對談

你可以在這場自我探索裡，稍稍更了解自己的「內心勸告者」，但在不少的情況下，你的內心勸告者卻會轉變成「內心批判者」，而讓你的生活變得暗黑而沉重。雖然這位內心批判者會全盤否定你，但我仍建議你，不妨從他的角度來審視自己。如果你可以了解自己的內心批判者所傳達的批判性信息，你通常比較能夠跟他相處。

1 請你在房間裡準備三張椅子。首先，把代表你內心批判者的那張椅子，擺在你認為適當的位置；然後把代表你的自我的第二張椅子，擺在你認為可以跟第一張椅子間隔適當距離的位置。最後，請將第三張椅子保留給自己的內在觀察者。

2 請把注意力轉向自己的內在，並給自己片刻時間，留意內在所出現的變化。請專注於你現在希望更了解的課題：「批判自我的內心批判者」。

3

請你坐在那張代表你內心批判者的椅子上，然後說出內心批判者所有的想法和感受，而且最好大聲說出來。請留意你說話的聲調和用辭。此時你的身體姿勢如何？坐在這張椅子上的你，如何以內心批判者的目光來察覺這個世界？

4

現在請你更換座位，坐在代表你的自我的那張椅子上，接受你的自我所持有的觀點。當化身為自我的你聽到那位內心批判者所有的批判時，感覺如何？請回應這位內心批判者，而且直接地回應，並告訴他，你被他批判的感覺，你希望他對待你的方式，以及為何你期待他可以更了解你。現在請再次留意你說話的聲調和用辭。你發現自己的身體姿勢出現什麼變化？

5

請花十到十五分鐘的時間，讓自己不斷在這兩張椅子上變換座位，並分別化身為它們所代表的內心批判者和自我的立場，而展開一場對話。

6

當你認為，自己已對這兩方有足夠的了解後，請坐在第三張代表同情這兩方的內在觀察者的椅子上，並以關愛的口吻對他們兩方說話。此時化身為內在觀察者的你，想跟他們分享你對他們的哪些觀察？如果你的好友坐在那兩張椅子上，並向身為第三方觀察者的你求助時，你認為，哪些話語和手勢可以幫助他們，並讓雙方能更相互了解？

7 接下來，請你離開第三張椅子，走到自己原來站立的位置。請你閉上眼睛，並開始自我探索。剛才的練習步驟，是否讓你明瞭你向來對待自己的方式？你發現其中有哪些固定的模式？為了讓自己得到更多支持，你會採取哪些新的做法？還有，你現在產生了什麼感覺？

練習 51 望向未來

慣性羞愧是一種把你拉回過去的情緒性記憶，它會讓你覺得自己仍像從前那般年幼而無助。如果你現在仍經常像孩童般會感到難為情，就很適合做下面這個練習。在練習過後，你便可以察覺到，自己已經比較不會內疚或羞愧了。

1 請回想從前某個讓你感到羞愧的情況，並想像自己還是當年那個年幼的孩子。

2 現在請讓那個年幼的自己參與你現在的生活，並讓他看到成年的你實際的生活情況，以及你在這個當下所擁有的機會。比方說：

- 你現在可以運用童年時期所無法擁有的資源。
- 你現在可以請求朋友的協助。
- 你現在可以動員那個願意支持自己的後援會。
- 你已不再像童年時依賴周遭的人。
- 你現在已更有能力控制自己的情感。

3 當你的內在小孩已經明瞭自己將來的生活情況時，會出現什麼反應？

4 當你的內在小孩體驗到自己已通過考驗，而且長大成人後可以過更好的生活時，你對這個內在小孩有何看法？

5 當你的內在小孩已明瞭，你曾努力促成他日後的轉變時，你發現這個內在小孩和以前有什麼不同？

練習 52 封閉自己和敞開自己

弓身駝背的體態往往隨著害羞、自卑、慚愧或自責等情緒而出現，因此，我們也可以透過這種蜷縮的身形找到羞愧的根源，也就是我們那些局限自我的核心信念。

在此，我建議你進行以下兩種自我探索的練習：封閉自己的練習在於強化你蜷縮的身形，敞開自己的練習則可以讓你克服蜷縮的身形。

1 請挑選一個你想處理的羞愧課題，並在紙上用一個句子把它寫下來。記得為這個答案補充一些相關的外表特徵，比方說「我長得不好看！」「我很胖！」「我討厭我的眼鏡！」「要不是因為我長了一頭紅髮，我早就嫁人了！」

2 現在請你特別留意，自己身體的哪個部位出現向內蜷縮的現象，即使是些微的畏縮也不要遺漏。如果我們的羞愧和自己的身體有關，通常會試圖遮掩那個令自己感到羞愧的身體部位，而且我們的胸部往往會向內縮。

3 請仔細查看自己的身體有哪個部位無法挺直？它本來是什麼狀態？後來又變成了什

麼狀態？

4 當你已察知身體有某個部位向內蜷縮時，請做出與之相關的收縮動作來強化自己對於身體收縮的感覺，即使只做〇．一公分的移動也無妨。你在做這個動作時，不需要繃緊肌肉，只要透過想要蜷縮某個身體部位的意念，便可以做出這個動作了。

5 在做完這個蜷縮身體的動作後，你體驗到什麼？如果你碰到一位體態含胸縮背的人，你對他會有什麼看法？當他以這種姿勢和你說話時，你覺得他可能會說些什麼？他可能生活在什麼樣的世界裡？他的生活會是如何？

6 當你回答完上述的問題後，請你自問，這位羞愧者需要怎麼做，才能讓自己抬頭挺胸？你應該對他說些什麼、對他做出什麼手勢、擺出什麼樣的身體姿勢，並用什麼樣的眼神來注視他？

・敞開自己

1 躺在地板上，弓起雙腿，使膝蓋彎曲。然後讓雙腿併攏往左側傾倒。

2 請伸直右臂，手心朝下，使其沿水平方向往左方移動。請維持這個最壓迫胸腔的姿勢，並用右臂的重量來牽動右臂的隨意肌。

3 然後請把左手放在右上臂鄰接右肩，也就是我們感到肌肉最緊繃的地方。

4 當你有意識地一呼一吸，並讓左手感受所碰觸的那塊緊繃肌肉時，請觀想自己正把空氣吸進那塊肌肉裡。

5 維持這個姿勢數分鐘，然後請你留意，你的右臂後來已自動往地板逐漸下滑。請讓這個放鬆動作自然發生，不要刻意改變。

6 當右臂已慢慢回落到你身體右側的地板後，將雙腿打直。

7 現在換另一側，重複剛才的練習步驟：弓起雙腿，使膝蓋彎曲，讓雙腿往右側傾倒，使左臂手心朝下，往右側移動，然後再伸出右手去感受左上臂鄰接左肩那塊緊繃的肌肉。在維持這個姿勢數分鐘後，讓左臂自動往地板逐漸下滑，最後將雙腿打直。

8 你的胸部現在感覺如何？是否和練習前不一樣了？請描述身體的改變。當你的胸部獲得舒展時，覺得如何？你可以享受這種狀態嗎？或者，這種狀態反而讓你覺得不舒服？你是因為不習慣這種狀態，才覺得不舒服嗎？還是這種狀態會讓你感到焦慮？你可以讓自己的胸部舒展開來嗎？或是你想再度讓它往內收縮？

9 當你挺胸，讓胸部得以擴展時，感覺如何？這個動作讓你出現什麼改變？此時你有何感覺？這種感覺是否已不同於以往？當你從這種狀態觀察自己的周遭環境時，它看起來如何？

練習 53 找回曾被羞愧阻絕的一切

如果你很清楚在某起創傷事件──例如，遭受虐待、突然被攻擊，或某個令自己感到尷尬的經驗──發生之前，自己原本的狀態，就特別適合做這個練習。

1 請挑選某個曾讓你感到羞愧的時刻。

2 當時你曾因為羞愧而不敢面對自己的哪一部分？

3 你從這個經驗裡，獲得哪些自我認知？

4 現在請你尋找你所阻絕的那個部分。如果你已把這個部分鎖在櫃子裡，而它在裡面卻沒有敲門向你呼救，請你想像這個被你驅逐的部分，也相信它會出現在你即將書寫的內容裡。

5

當你認識到這個被羞愧所隔離的部分時，感覺如何？此時你體驗到什麼？你只要察覺即可，無須進一步分析。

如果你想不起來自己在某個創傷事件發生之前的狀態，如果你覺得自己本來就對自身感到羞愧，而非因為某個創傷事件所致，那麼，你不妨假想自己曾經歷某個創傷事件。然後請你留意，你的內心如何對它做出回應。

案例

U先生從小就參加基督教的某個教派組織，而且該教派認為，同性戀是一種深重的罪孽。

他在十七歲時，曾被教友發現跟一名男生有親密的行為，而讓他在教會裡受到好幾個小時的公開審問。這對他來說是個很嚴厲的處罰，因為他當時不只受到教友的指責，還被家人唾棄，而家人也連帶受到教友的排斥。他在成年後，便離開父母和兄弟姊妹，也離鄉背井到外地去，但這樣做仍無法讓他擺脫過去的陰影。他「內心的審判官」雖然不斷地指責他，卻也擔心他會傷害自己。

在談話治療中，我建議他應該主動接觸同性戀行為尚未被揭露前的那個自己，那個心裡有愛、一想到好友就會開心不已的小男孩。

練習 54 開發自己的力量

如果你無法擺脫那些令你羞愧的自我批判，不妨學學印第安人，以召喚兇禽猛獸的方式來幫助自己。這個方法聽起來似乎有點怪力亂神，但我們在這裡並不是要召喚祖靈或利用超自然力量，而是要探討這個方法對我們神經系統所產生的效應。

1 請舉出一句在日常生活中不斷阻礙你、讓你喪失行動力的自我暗示，並把它寫在紙上，而且用字遣詞必須確實符合你內心所聽到的聲音。

2 請坐下，往後靠向椅背，並問自己：如果這個負面的自我批判是隻動物，牠會是哪一種動物？請選擇最先浮現在你腦海裡的動物，不論是憤怒的熊、有毒的蜘蛛或大老鼠。

3 現在請你想一下，這隻動物應該放在你房間的哪個地方？請不要多加思考，只要是你腦海裡最先浮現的那個位置就對了。請你起身，把剛才寫的那張紙條放在那裡，然後再坐回原來的座位，並讓自己再次往後靠向椅背。

4 請快速檢查一下，這張紙條擺放的位置是否符合你的感覺。如果答案是肯定的，請你再問自己：哪一種動物代表自我力量，比較能幫助自己對付那隻代表負面自我批判的動物？現在請你觀想那隻動物，並留意你內心所出現的反應，以及你的呼吸、心跳和舒服程度的變化……

5 這兩隻動物可能會產生互動，請觀察牠們之間的互動，且不要讓牠們離開你所觀想的畫面。

如果你已經有好幾次透過這項練習，順利排除一些日常生活的阻礙，不妨再運用這項練習，平靜而勇敢地處理扭曲的自我圖像。在你的觀想裡，那隻代表自我力量的動物，可以幫助你跟自己最深信不疑的負面自我批判保持一定的距離，而這也是擺脫負面自我批判的第一步。

案例

K先生想寫一本書，卻一直受到自我質疑的干擾，而遲遲無法動筆。他內心一再出現「你根本寫不出來！」這句負面的自我批判。

當我帶著他做以上的練習時，那隻代表他的負面自我批判的動物在他的觀想中，是一隻沒有毒性的小蛇，但卻讓他覺得很不舒服，至於那隻代表他的自我力量的動物，則是一隻卷尾狗。這隻狗一出現在他的觀想裡，便立刻撲向那條小蛇，但沒有跟牠打鬥，而是跟牠玩耍。當K先生觀想到這個場景時，頓時鬆了一口氣，臉上還浮現一絲微笑。當那隻狗跳上前時，那條蛇便往後退；當那隻狗往後退時，那條蛇便順勢前進。觀想這兩隻動物的相互逗弄，讓他很開心，而就在牠們一來一往之間，他終於動筆，開始撰寫他的著作。

練習 55 接受自己的強大

以下的方式也可以讓你探索羞愧：首先，請你擺出一副強勢的姿態。對於這個建議，你有何反應？你覺得這個建議很蠢嗎？還是覺得它很討厭？又或者，你本來就喜歡這樣做？不管你覺得如何，都試著讓身體呈現強勢的模樣。

1 請挺身站好，並覺知自己當下的身體狀態。你現在覺得這種站姿如何？

2 請將兩腳打開，雙手插腰，把彎曲的手肘往外挺，然後維持這種姿勢幾分鐘，以便讓它對你的身體產生作用。

3 你有任何改變嗎？你察覺到自己的能量存在於何處，又不存在於何處？你現在還挺直著身體，或已有些彎腰駝背？你的呼吸狀況如何？你察覺到自己的胸部出現什麼變化嗎？此外也請你留意，這種強勢姿態讓你覺得不舒服的地方，畢竟它讓你看到你在日常生活中，如何阻礙自己活出內在的力量。

4 首先，請你私下練習這種強勢的姿態。接下來請觀想，自己在一些陌生人面前擺出這種姿態。然後再請你觀想，自己在那些至今仍讓自己感到自卑的人面前，擺出這種姿態。最後，你還可以嘗試在等公車、捷運或在銀行裡排隊時，擺出這種姿態。

請記得，每一次的練習都必須持續數分鐘。

5 在面對富有挑戰性的場合之前，進行這項練習可以提升你的臨場表現，並增強你的意志力。比方說，你可以在接受面談、口試，或跟上司展開加薪談判之前，先把自己關在廁所裡，讓自己維持這種兩腿張開、雙手插腰的強勢姿態五分鐘。

練習 56 為自己的存在感到欣喜

許多人只懂得心懷羞愧和內疚地生活著。打從出生開始，他們的生長環境便充斥著這些負面情緒，因此他們從小便學會接受這樣的生活。接下來的觀想練習就是要幫助我們嘗試過著不愧疚的生活。

請你觀想，自己的生命又從頭開始，也就是再次在母體裡結胎。你的生命是由卵子和精子這兩個細胞經由受精所結合而成的。這個受精卵生長在充滿愛與團結的世界裡，生長在人際互動充滿同理、尊重、關照、支持，以及融洽和睦的世界裡。

你一出生，家人、親友和鄰居便熱鬧地舉辦慶祝活動，歡喜迎接你的到來。那些前來看你的人，臉上都笑意盈盈。你成長在無所匱乏的環境裡，尤其你所得到的關愛、善意、飲食、娛樂、身體撫觸、遊戲、友誼、喜悅和樂趣總是不虞匱乏。你可以自由地做任何選擇，而且所有的一切都能心想事成。

你周遭的人們彼此真誠相待，每個人都可以自由地表達意見，而且也會尊重別人自由的意志。每個人都可以按照對自己有益的方式，決定自由地來去，或跟別人在一起，又或過著自我封閉的生活。你的意見和自我界限都會受到尊重。你可以自由表達內心的愛意，而且把性愛當作跟生活裡的喜悅、享受和溝通一樣，是自己樂於擁有的東西。

如果可以生長在這樣的生活環境，你覺得如何？這樣的生活感受和你現在的生活感受有何不同？如果你可以過著不愧疚的生活，它會是什麼樣子？請留意你內心所出現的所有變化。

練習 57 當我活在「愛」裡

羞愧最深的根源之一，就在於我們深信，只有當自己符合某些條件時才會被愛。因為在我們的信念裡，被愛和符合某些條件有關。換句話說，只有當我們作為或不作為時，我們才覺得自己是被愛的。我們必須討人喜歡、有所成就、長得好看、不為自己而為別人存在，總之，我們的表現必須不同於真實的自己。

為了獲得我們所期待的愛，我們把自己和所有我們認為不該或不可以存在的、不好或不正確的東西阻隔起來。我們會否認或甚至鄙視可能妨礙我們獲得愛的一切，雖然它們都和我們自身有關，但我們卻絕口不談。

實際上，獲得關愛對孩子的生存至關重要。不過，我們在長大成人後，還是這樣嗎？難道已成年的我們還想依賴那種有條件的愛？還想從外界尋找愛？難道我們還要相信，愛只存在於外界，因而必須設法讓自己有資格得到這些愛？

當你覺得自己活在愛裡時，那是什麼情況？當愛成為你的生存基礎時，又是什麼情況？當愛就是你的生存基礎時，這將對你的羞愧感產生什麼影響、對你的生活造成什麼效應？這樣的生活會傳達給你什麼信息？

現在你只要想像自己沉浸在愛裡，並逐一回答以上的問題即可。重要的是，記得留意自己的內心所出現的反應，並把這些反應寫下來。請在這星期的每一天都重複進行這項練習，而且每次都花十五分鐘書寫你當下所出現的所有感覺。

練習 58 如果我能更有同理心……

人類健康的原初狀態和羞愧反應之間存在著許多可能的環節，其中之一便是同理心。Mitgefühl（同理心）這個我們經常使用的概念，往往被理解為某種程度的捨棄自我。它的字首mit（譯按：相當於英語的with）是指「參與」、「集體」、「團聚」，以及「和別人共同發揮影響力」。此外，依據Duden德語辭典對mit這個詞條的解釋，mit還含有「相互性」的意思。以下是同理心存在的先決條件：

- 你必須察覺對方的痛苦。如果你看不到對方的痛苦，便無法做出回應。

- 你必須被別人的痛苦所觸動，你的內心必須關注別人的痛苦。
- 然後你會覺得，支持對方既是人情的溫暖，也是你的關懷和期盼。
- 你會理解、寬容並善待對方，而不是譴責他們。
- 你會承認，痛苦、無奈、過錯和不完美本來就是人生的一部分。

如果你在生活中常自我觀察，而且（或者）你現在正在自我探索，就可以回答以下兩個問題：

1 你在哪些狀況下，不會同理自己和別人？為什麼你會這樣？此時別人扮演什麼角色？這和哪些課題有關？此時你出現了什麼想法？這些想法讓你覺得如何？當你注意到這些想法時，感覺如何？

2 為了保持對自己以及對別人的同理，哪些是必要的？保持同理心讓你覺得如何？請允許自己和對方，不只表現出讓你（或對方）覺得不錯的那一面，而且也會表現出讓你（或對方）覺得比較糟糕的那一面，例如痛苦、悲傷和憤怒。如果你變得更有同理心，你對生活在這個世界的自己會有什麼體驗呢？

練習59 如果我現在什麼都不做，會怎麼樣呢？

如果我們在年幼時，必須忍受不舒服的生活周遭，甚至不時還必須忍受一些可怕的情況，等成年之後，我們就會立刻為孩子排除這種情況。不過，當時身為孩子的我們卻無法立刻離家出走，遠離這一切，而「必須」在困難的處境裡，找到讓自己存活下來的方法，「必須」面對心理受創的父母，「必須」處理自己所承受的暴力、羞辱，以及其他種種形式的虐待。

這個「必須」便為我們帶來壓力，並讓我們（有理由）反抗它。如果沒有選擇的可能性，當然就沒有自由可言，所以，我們便因為這個「必須」而過著辛苦的生活。我們習慣性地把自己變成失去自由的奴隸，然而，奴役我們的那個主人往往是我們自己，至少現在是如此。

不過話說回來，如果這個「必須」已無法再驅使我們時，我們會有什麼感覺呢？

1 請閉上眼睛，並使自己處於覺知狀態。

2. 現在請你探索這個問題：「如果我現在什麼都不做，會怎麼樣呢？」
3. 請在接下來這十五分鐘裡，持續問自己這個問題，並觀察自己。在這段時間，你出現什麼感覺？你的肩膀發生了什麼變化？呼吸方式產生哪些改變？你的骨盆底有何感覺？

此外，這個自我探索的練習，還能讓你適時地中止平日接連不斷的生活節奏。你可以在搭乘地鐵時，或即使在公司的廁所裡，都能進行這項練習。

練習 60 肚臍是人體的中心

肚臍是我們的生命樞紐。當我們還在母親的子宮裡時，它雖不是提供我們營養的唯一來源，卻是最主要的來源。因此，沒有肚臍就沒有我們，但已成年的我們卻不知道它對我們的重大意義。

1. 請靜下心來，並把注意力轉向自己的內在。
2. 接下來請留意你的肚臍。它讓你察覺到什麼？它是溫暖或冰冷、淺色或深色、充滿或缺乏能量？你的肚臍和腹部的其他部位有什麼不同？你只需要察覺這一切，而不用去改變什麼。
3. 請把腹部稍微向內收縮。請問，這個動作引發什麼樣的變化？
4. 接下來，請讓腹部稍微往外鼓起。這個動作如何改變你對身體的感覺？不只留意肚臍部位，還要留意整個腹部。如果這個動作影響你身體的其他部位，也影響你對自己和生活周遭的感覺，請務必讓自己留意這些變化。
5. 現在請你允許自己透過肚皮的起伏，為肚臍找到一個理想的停留「位置」，這有點像是你在牆上為一幅畫尋找理想的吊掛位置那樣。請慢慢來，因為它可能需要一些時間。當你的肚臍「就定位」時，你會發現自己的心情也變得更平靜。
6. 請你讓思緒停留在肚臍上片刻，並留意身體的其他部位還出現哪些變化？

這項練習只需要藉著肚皮的伸縮來稍微移動肚臍的位置，你也可以在社交場合裡暗中練習。這樣做不僅不會引起別人的注意，還可以讓你立刻察覺到，你和別人在互動上的改變。

練習 61 透過臍輪與別人產生連結

亞洲人認為，可以透過肚臍的脈輪（即能量中樞）與別人連結，這種觀念當然有它的道理。在這個練習裡，我要教你如何透過讓肚臍停留在你認為理想的「位置」，而讓你擺脫過往的羞愧，並獲得療癒。

1 請回想過去某個你覺得被別人認同、稱讚的時刻。此時，你的肚臍部位發生了什麼變化？

2 請再回想過去某個你覺得被別人羞辱的時刻。此時，你的肚臍又發生什麼變化？

3 當你把肚臍固定在你覺得理想的位置，同時也再度回想這個受創的記憶時，你有什麼感覺？

4 請再把注意力轉向你受到認同時的回憶，並在那裡停留片刻，然後密切注意並深化那些在你的體驗和肚臍部位裡所出現的正向轉變。

5 請再次回到那個令你感到丟臉的受創經驗。當你現在想起它時有什麼感覺？當你發現自己已變得跟以前不一樣時，又有什麼感覺？

6 讓自己數度來回於這兩種回憶之間，直到那個經驗不再讓你感到羞愧尷尬為止。這個練習可以讓你從一定的距離察看自己的受創經驗，進而獲得更透徹的自我認識。

練習 62 體驗對別人說「不」的感覺

由美國好萊塢引爆的「#MeToo」無疑是場遲來的運動，而且我們也應該贊同對性侵害加重刑罰。

在這場運動出現之前，我們普遍認為，受邀的一方如果沒有說「不」，便是同意性主動者所強勢發動的性行為，但我們從未考慮到，有些人根本不會說「不」！實際上，有不少人對於說「不」非常難以啟齒，因此無法向別人表示拒絕之意。

我們對於說「不」的為難，當然不只出現在性行為方面。在日常生活中，我們經常碰到「你可以幫我嗎？」這一類要求我們表達意願的問句。但因為我們羞於說「不」，即使覺得很不好意思，也不會明確地婉拒。因此，沒有把拒絕說出口，並不算真正的同意。每當我們被迫回答這種要求表態的問句時，或多或少都是在對自己施壓。

1 請閉上眼睛、深呼吸，並使自己處於覺知狀態。即使你現在正搭乘捷運或公車，也可以做這個練習。

2 請你在心裡說「不」並緩緩地搖頭，彷彿你要透過這個動作來強調自己的拒絕。你是否察覺到身體發生了什麼變化？

3 當你用這種拒絕的態度來面對別人時，感覺如何？

4 現在請你在心裡說「好」並點頭，彷彿是要透過這個動作明確表達自己的贊同。你是否察覺到身體發生什麼變化？當你用這種贊同的態度來面對別人時，感覺如何？

5 請你輪流做著點頭和搖頭的動作，並清楚分辨它們之間的不同。此時你的胸部出現了什麼變化？骨盆底的部位有何感覺？

練習63 我從不說「不」！

如果你身邊有人跟你一起做這個練習，請進入「和同伴一起練習」的步驟；如果你是獨自一人，請跳過「和同伴一起練習」，直接進入「獨自練習」的步驟。

・和同伴一起練習

1 請你和同伴面對面坐好，然後閉上眼睛，並給自己片刻時間，肯定自己的身體，並察覺自己的感受。

2 請你們睜開眼睛，在接下來的十五分鐘裡，請你的同伴重複問你：「你不讓自己說『不』，有什麼好處？」請留意你的同伴在這個問句裡的遣詞用字。隨後他還會以相同的方式不斷重複這個問句，但請你切記，不要修改他的用語。

3 雖然你不斷聽到這個問句，但請你每次聽到這個問題時，就當作你像初次聽到那樣。你必須重複回答這個問題，你只要想到什麼就說什麼。總之，請允許自己可以暢所欲言。

4 提問的同伴只是聆聽你的回答，並不會針對你的回答再進一步追問，也不會回應或反駁你。他只會不斷問你相同的問題：「你不讓自己說『不』，有什麼好處？」

5 如果你的同伴也有興趣透過這項練習進行自我探索，請在練習十五分鐘後角色互換，改由你提問他回答。等他也做完這項練習後，再一起談談剛才所獲得的想法。你們只是各自說出自己的經驗，但不可以解釋對方的經驗，也不能給對方任何建議。

・獨自練習

1 把一張A4紙左右對折，並在朝外的那半面寫下：「你不讓自己說『不』，有什麼好處？」然後把這張紙放在面前，讓自己在做練習時，可以一眼就看到這個問題。

2 請給自己一些時間，進入覺知狀態。

3 然後請你看一下紙上的那道問題，把它唸出來，並寫下自己的答案。想到什麼就寫什麼，無須考慮再三。

4 當你寫完答案後，再看一下紙上的問題，然後跟之前一樣，把它唸出來並再寫下其他想到的新答案，想到什麼就寫什麼，不論內容有多麼不合邏輯、瘋狂、覺得欣喜或憤怒。如果你只出現某些感覺，並沒有想要表達的話語，那麼，請你觀察這些新出現的感覺，並把它們寫下來。如果你出現內在衝動，也請你察覺並記下它們。因為，感覺和內在衝動都是跟話語同樣重要的信息。

5 做完十五分鐘的練習後，請閉上眼睛，探索自己現在的體驗。

6 最後，請你把這些體驗寫下來，並結束這項練習。

練習 64 當我說「不」時，會有什麼後果？

當你說「不」，又或明確表態以維護自身的需求、意見或價值時，會有什麼後果？

請你在接下來這四天裡，每天花十五分鐘寫下你對這個問題的答案。

練習65 讓自己獲得支持

如果你被診斷出罹患某種疾病，如果你不喜歡新同事，如果你討厭的政黨勝選而即將上台執政……你會出現什麼反應？

大部分的人會以某種方式來壓抑自己的苦悶。他們會蜷縮身體，克制情緒，無論如何都不再敞開自己，對這個世界也不再感到好奇。羞愧對人來說，雖是種保護機制，但同時也是種限制。羞愧不僅無助於我們的疾病治療，和討厭的同事共事，與敵對政黨的抗爭，還會讓我們產生無助感和無力感。那麼，我們該如何拒絕某些人事物，又不至於因此而封閉自己？

1 請把某位你想對抗，或想將之排除在生活圈外的人，召喚進自己的意識裡。

2 此時，你的身體體驗到什麼？你出現了哪些感覺和感受？

3 現在請你回想某個或某些你確信會百分之百支持你的人，並給自己一些時間，把注意力轉向隨之而來的正面感受。請問，你的體驗發生了什麼改變？請讓自己停留在新的體驗裡，並仔細察覺身上所有的變化，比如呼吸的方式、肌肉的鬆緊，以及身體所感受到的冷暖等。

4 當你仍停留在這種正面感受時，請再把那位你希望他從你生活裡消失的人，重新喚入自己的意識裡。此時，你對他是否產生不同的感覺？請你在這裡也給自己一些時間，仔細探索這種感覺。

5 當你把自己不喜歡的人喚入意識裡時，請檢視你對他所出現的新感覺是否夠穩固，不會再回到從前你對他的感覺裡。請問，你現在覺得如何？

6 然後請再度回到你對某個或某些完全支持你的人的經驗上，並拒絕這位你不喜歡的人。這種拒絕是否讓你感到放鬆？為了避免讓自己覺得，自己必定會因為拒絕他而陷入自我封閉的困境，你認為你必須做什麼？

7 接下來你是否可以把這位你不喜歡的對象融入你的世界裡，但同時你既不會全身緊繃，也不會減少對他的排斥與拒絕？

8 在你慢慢睜開眼睛之前，請再給自己片刻時間，把這個經驗整合入自己的內在。

9 當你睜開眼睛後，請環顧四周並給自己片刻時間，讓自己慢慢回到日常生活的步調裡。

練習66 探索自己追求完美的傾向

力求完美是種讓自己免於羞愧，且免於受到羞辱的策略，其背後的觀念正是：「只要我不犯錯，就不會丟臉。」

請你給自己一些時間，慢慢回答下面的問題：

- 當我無法完成某件事時，
- 當我不像別人那麼有成就時，
- 當我某方面變得很糟糕時，
- 當我沒有信守承諾時，
- 當我過得不好時，
- 當我感到痛苦時，
- 當我感到害怕時，
- 當我有所匱乏之時，

- 當我在某個場合必須上廁所時，
- 當我認為，自己可以在人們（尤其是我們身邊的人）面前成功地隱藏所有一切時，

我會透過什麼方式讓自己試著不去注意，或試著隱藏我至今所察覺到的缺點？

練習67 即使犯錯，我仍會被愛

我們往往會認為，只要我們再度進入伴侶關係，就會喚起並繼續積累和伴侶關係有關的羞愧經驗。當我們和別人的關係越親近、越緊密時，我們的羞愧便會越清楚地顯現出來，因此許多人會認為，伴侶之間出現問題正是雙方關係不佳的徵兆。然而，伴侶問題的浮現其實是雙方對自己有足夠的自信，因而願意讓自身的羞愧課題顯露出來。

1 請準備進入這項練習：閉上眼睛，並深呼吸三次。

2 請對自己提出下列這兩個問題：

- 我能夠相信，即使有人發現我的錯誤，仍願意關愛我嗎？

- 如果我相信，即使自己不完美仍會受到別人的關愛，那麼，我的人生可能出現哪些轉變？

3 請你最好以書寫的方式回答這兩個問題。

4 請你仔細探究自己在作答完後，出現了什麼不同的體驗。

練習 68 即使犯錯，我仍愛自己

1 請你回想童年某個感到丟臉、尷尬或是愧疚的時刻。

2 請你察覺當時所出現的感覺，並讓自己沉浸其中。這種感覺對身為孩童的你來說，雖難以承受，但現在的情況已大不相同，因為你早已長大成人。

3 現在請你再回到童年那個令你難為情的情境，並觀想有人向年幼的你保證，不論別人如何斥責你，你依舊會被疼愛。你可以讓成年的你，或任何一位願意支持你的人加入這個童年情境：自己的奶奶或外婆通常是很恰當的人選，此外，小精靈、天使或女超人……這些超自然的、虛擬的存在也是不錯的選擇。

4 請讓自己同理那個年幼的自己，並抱持開放的態度，完全不要預設自己這麼做一定會出現全新的感覺。你只要坦然接受所有的羞愧和自我質疑就可以。

5 請你也仔細審視自己現在所出現的感覺。

練習 69 我的三個正向經驗

我們會因為無法察覺自身的正向經驗，而一直陷於自責、內疚或自怨自艾的困境裡。

如果我們碰到的事情符合我們的自我圖像和世界圖像，我們便覺得，我們對自己和世界的觀點已獲得證實。但如果我們碰到的事情跟我們的自我圖像及世界圖像相左，我們不是很快地忽略這件事情，就是認為它只是個例外。

美國神經心理學家里克・韓森（Rick Hanson）曾指出，人類的心理對所有負面事物的黏著度就像魔鬼氈那樣，但對於正面的事物，卻像不沾鍋的鐵氟龍塗層那般毫無黏著性可言！

1. 請你每天晚上拿出那本羞愧日記，並記下你在白天所獲得的三個（和你的羞愧觀念相左的）正向經驗。
2. 當你在書寫這些正向經驗時，請留意自己的內心所發生的一切。你是否感到喜悅？是否質疑這些正向經驗？是否覺得放鬆？你的「直覺」會告訴你，這些正向經驗只是例外嗎？你的內心是否抗拒把它們寫下來？
3. 請在一週中的某一天，為自己預留十五分鐘，在不受打擾的情況下，閱讀過去這七天自己在羞愧日記裡所寫下的正向經驗。在開始閱讀之前，請記得先專注於自己的內心。當你在閱讀這些內容時，感覺如何？
4. 每當你察覺到自己出現正向轉變時，請讓自己有片刻時間沉浸在這個正向轉變裡。請問，你在這些正向轉變裡確實體驗到什麼？這些正向轉變還跟什麼有關？當你確知，自己有能力體驗這些正向轉變時，感覺如何？這些正向轉變又讓你獲得哪些自我認識？

案例

R先生覺得自己從未獲得父親的認可。他認為，父親對他和他的生活根本不感興趣。他在接受心理治療時告訴我：「我爸爸最近曾問我，我發生了什麼事？不過，他可能是因為我當時看起來很不開心，才會問我這個問題。其實他根本不關心我！」

練習70 意識到自己的優點

不論你有多自卑或愧疚，有一點我很確定，那就是：你已表現出許多自己所特有的優點，只是你（還）不覺得它們值得受到矚目罷了，比方說，烹飪、園藝、傾聽別人的能力，或懂得享受長距離的散步。現在請你意識到自己所擁有的優點！

1 請拿出你的羞愧日記，逐一寫出自己想要表現出來的優點。
2 請在各項優點之間留下充分的空白，以便於後來可以再補入一些關鍵字。
3 現在請看這張列表，並保留片刻時間來感受它對自己所產生的效應。
4 接下來，請你問自己：「如果我可以把自己的優點表現出來，我的生活將出現哪些轉變？」

5 請寫下你的答案，然後留意自己的感覺出現了哪些變化，並把它們逐一寫下來。

練習71 邀請羞愧同行

不斷讓自己體會零羞愧的經驗，並讓自己停留在這種（嶄新的）感覺裡，才是讓自己擺脫愧疚的最簡單方式。當你對自己的煥然一新感到舒服暢快，而且這種愉悅感越頻繁出現時，你會越有自信地活出真正的自我。

1 請閉上眼睛，用自己的內眼從頭到腳把全身快速掃描一遍，並對自己保持覺知狀態。

2 現在請你觀想某個讓你覺得穩妥的地方。它可以是你曾在數星期或數年前駐足停留之處，也可以是你虛構出來的地方。請問，那個讓你覺得安心的地方看起來如何？那裡是白天，還是黑夜？它是否帶有某種特定的色調？你能否聞到那裡瀰漫著一股芳香的氣息？

3

當你在觀想這個地方時，出現了什麼體驗？只有當它讓你內在的某個部分放鬆下來時，才真正算是讓你覺得安穩的地方。請描述一下，這是什麼樣的地方？它的哪一點讓你覺得很棒？你還會注意它的哪些地方？

4

當你在觀想中，讓自己在這麼特別的地方駐足休息時，也請你立即邀請自己的某種羞愧情緒來這裡拜訪你。請問，你會邀請自己的哪種羞愧前來做客？這個負面情緒是否和你自己、和你的身體，或和你所缺乏的能力有關？

5

現在請你接觸這個羞愧。請問，你會如何接觸這個情緒？可能的相遇方式會是如何？當你遇見它時，它會出現什麼反應？它會對你坦誠嗎？會對你生氣嗎？它會希望你不要打擾它嗎？或者，它會對你掏心掏肺地傾吐心聲？

6

現在請你以生動的畫面觀想，自己正帶它進入一個不害羞、零自卑的新世界。你們一起通過某座橋梁或某個大門，與舊世界漸行漸遠。當你們進入這個新世界時，你真實的自我和你的羞愧都受到熱烈歡迎。請你想像，那裡的人們正抬頭注視著你們，興高采烈地迎接你們的到來。他們認為，你們不需要為他們做任何事，因為你們的加入就已豐富了新世界的生活。

7 現在你的內心有什麼反應？出現了什麼變化？同時請留意自己的呼吸、感覺和感受。

8 原本丟臉愧疚的狀態，以及後來被零羞愧的新世界所接納的狀態，是否讓你產生不同的體驗？你只要仔細區別這兩者之間的差異，往後便可以一再邀請自己的羞愧進入這個新世界。

練習 72 為了討好別人所做的事

試圖討好別人，是我們為了避免愧疚而可能採取的策略之一。在這種情況下，我們往往會問自己：「我要怎麼做，別人才會喜歡我？」不過，只有當我們必須和某個人好好相處時，試圖討好對方才算是有效的策略。當我們必須跟一群人相處——比方說，在家族聚會時——這個策略會很快失效，因為我們無法討好所有的人。

討好別人的方式是以喪失自我為前提，因此會讓我們無法活出真正的自我。

1 請閉上眼睛，深呼吸，並讓自己處於覺知狀態。

2 然後請你問自己：為了得到別人的關愛和好感，我會做些什麼？

3 請以書寫的方式逐一回答以下的問題，並留意你的內心出現什麼反應。

- 我會穿什麼服裝？如何打理自己的外表？
- 我會如何對待別人？
- 我會表現出自己的哪個部分？同時又掩飾哪個部分？
- 我會表明自己的哪些觀點？同時又對哪些觀點避而不談？
- 我擁有哪些有助於提升個人形象的嗜好？
- 我的消費習慣比較浪費，還是比較節制、注重環保？
- 我會讓別人以我無法接受的方式來對待我嗎？
- 我會因為擔憂害怕，而避開可能發生衝突的場面嗎？
- 我會壓抑自身的需求和期盼嗎？
- 我會為了與人和睦相處，而委屈自己嗎？

4 當你現在閱讀自己所寫下的這些答案時，請留意自己的感覺。當你發現自己為了博得別人的好感和重視而做了哪些事時，你的身體出現什麼反應？此時你是否會產生內在衝動？

練習73 當我相信自己可以討人喜歡時……

做完上面的「〈練習72〉為了討好別人所做的事」之後，你不妨想像一下，自己已有充分的把握，無論在何種情況下，都可以獲得別人的喜愛。現在，請你探索隨之而來的新體驗。

1 當你相信，自己不論穿著、言談、做什麼或不做什麼，都可以討人喜歡時，你的體驗將發生什麼改變？當你覺得，不論自己處於何種狀態都可以被接受時，那會是什麼情況？

2 請你察覺，自己的體驗如何發生改變，並把這些改變一一記錄下來。

3 然後，請你把剛才記錄的內容閱讀一遍，並再次留意心裡的所有感受。

練習74 我如何傷害自己？

我們大部分的人都習於用惡劣的態度來對待自己，完全沒有注意到我們對自己有多糟！例如言語的自我傷害：「我怎麼會這麼笨！」「我受到這麼惡劣的對待，真是活該！」或「我這個人根本不重要！」

有距離地看待我們對於自己的嚴厲和苛刻，是一個相當有益的步驟，因為它可以讓我們確實認識到，負面的自我批判就是種自我傷害，所以，應該如實地把它們當作自我傷害來處理。

當你在面對負面的自我批判時，不妨把它們當作你一直很信任的至交好友。請你用這種態度跟它們說話，並向它們坦誠，這些負面的批評讓你感到痛苦。至少請你在心裡對自己說：「唉喲！這樣很痛耶！」即使你已習慣負面的自我批判，一開始完全不覺得它們讓你感到痛苦，但這聲「唉喲！」卻可以幫助你逐漸強化自身的敏銳性，讓你越來越能察覺你那些負面的言語對自己造成多大的傷害。

那麼，我們如何才能辨認出，我們數年或數十年來所贊同的負面自我批判呢？當你碰到不順遂的情況時，請留意內心出現了哪些自我批判的聲音，比方說，當你自責或忘記與人有約時的尷尬難堪。

練習 75 自我同理的運用

美國德州大學奧斯汀分校教育心理學教授克莉絲汀・聶芙（Kristin Neff）曾對退役軍人進行研究並得出以下的結論：如果退役軍人對自己越有同理心，就越不會出現創傷後壓力症候群。這個研究成果其實很合理，因為當我們處於戰鬥狀態時，如果身邊有朋友的支持，當然會覺得自己比較強大，也比較有能力面對眼前的挑戰。所以請你務必記得，只要能對自己具有同理心，你就是自己最好的朋友。

我們經常把自我同理和自憐混為一談，但自我同理其實和陷於困境的自憐無關。自我同理意味著：

- 我們怎麼對待自己喜愛和重視的人，就會怎麼對待自己；
- 對自己承認「這真的不容易！」而不是一味地咬牙忍受，好讓自己可以度過眼前的難關；

- 體貼自己，愛護自己。不要毫不留情地批評自己，而是應該善待自己。

你可以進行以下這個自我同理的練習：

1 請以書寫的方式，敘述你對自己感到不滿意的地方（例如自己的外表、工作、家庭關係或人際關係）。當你在下筆時，出現了什麼感覺？

2 現在請你回想某位願意無條件接納自己的好友，並從他的角度，寫一封信給自己。如果你沒有這樣的朋友，就請你想像。這位好友既了解你自以為的強項，也了解你自以為的弱點或欠缺之處。那麼，這位好友在那封信裡，會對你寫些什麼呢？當他發覺，你對自己的批判有多麼嚴厲時，他會有什麼感覺呢？他會希望如何幫助你？總之，請從這位好友的角度寫封信給自己，寫完後，請把它暫放一旁。

3 請你至少每隔三天，就拿起這封信閱讀一次。當你讀到自己的好友在信裡這麼告訴你時，你有什麼感覺？你體驗到什麼？

練習 76 我如何自我忽視？

在羞愧的惡性循環裡，絕大部分都是自我忽視在作祟：羞愧者自認為毫無價值而忽視自己，當人們忽視自己時，也往往會覺得自己沒有價值，也不懂得要關照自己。總之，這是個惡性循環。

現在請你仔細思考，你如何自我忽視？你的自我忽視又涉及以下哪些生活範疇？

- 飲食
- 運動
- 休閒
- 精神生活
- 精神信仰
- 家庭關係和人際關係
- 性生活
- 進修

・友誼
・身體撫觸

請你針對以上的生活範疇，寫下自己所想到的自我忽視，但千萬不要因為這些內容而感到難為情。

請你每星期察看自己針對某個生活範疇所寫下的自我忽視，並自問是否能以某種方式更加善待自己，進而承擔起重視自己和照顧自己的責任。即使是一些不起眼的活動，也有助於改善我們的自我忽視：比方說，在森林裡散步，親自下廚，躺在草地上仰望天上的浮雲……

練習 77 我可以得到別人的支持和協助

在地上匍匐爬行的幼兒，總希望自己在某個時候就能站起來，靠雙腿走路。這是孩子自然會出現的內在衝動，但他們仍需要身邊的大人給予支持。畢竟他們在學習走路時，還需要握住別人伸出的手，才有辦法讓自己站穩。

我們如何看待別人所提供的支持，取決於我們對以下問題的反應：有人肯幫助我嗎？有人知道我的需求嗎？有人欣賞我的工作表現嗎？或者，我會因為無法完成某一件事，因為行動不夠迅速，或因為無法依照別人期待的方式來做事，而受到羞辱嗎？

1 請坐下，把身體往後靠向椅背，並讓自己處於覺知狀態，以便察覺內心所發生的變化。

2 請讓「支持」這個課題浮現在你的腦海裡。請問，你的內心對這個課題出現什麼反應？它會稍微向外擴張或向內收縮？你的心情是喜悅還是悲傷？這個課題讓你覺得丟臉還是憤怒？

3 請你在接下來這四天裡，每天花十五分鐘書寫你對「支持」這個課題的種種體驗，以及它的種種面向。你可以利用下列問題作為書寫的內容綱要。

- 當我請求別人協助時，我認為自己會碰到什麼情況？
- 年幼的我曾如何受到大人的扶持和提攜？

- 我認為，別人有多了解我？
- 如果我採取某種態度，就可以受到別人的支持？
- 我如果表現出真實的自我，還會受到別人的支持嗎？
- 我現在需要別人提供什麼樣的支持？
- 為了獲得別人的支持，我可以做些什麼？

4 當你在書寫時，請你留意自己在感覺上所出現的種種變化。

練習 78 學習信任

信任別人是一個令人相當困擾的課題。你很努力地要自己相信別人，但還是無法做到真正的信任，無法達到你希望自己能相信別人的那種程度。然後你會認為，自己一定有哪個地方不對勁。因為對方已向你保證，自己是值得信任的，而且事後看來，他確實所言不假。

我們之所以不信任別人，往往是因為我們的某些回憶在情感上影響了我們現在的體驗。因此，回顧過去的經驗，是很值得嘗試的做法，畢竟從前的經驗可以讓我們了解，為什麼我們難以信任別人。其實我們只要消除和這些經驗有關的愧疚，我們就會對別人逐漸產生信任感。

1 請坐下，把身體往後靠向椅背，並讓自己處於覺知狀態。

2 請接連地回答以下的問題：

- 我信任哪些人？
- 我在什麼情況下，會信任別人？
- 當我信任別人時，會有什麼感覺？
- 在什麼時候、什麼情況下，會讓我失去對別人的信任？
- 我在童年時期，曾有哪些信任別人的重要經驗？
- 在最近這幾年，我曾有哪些信任別人的經驗？
- 我是否信任自己？信任大自然？或信任超自然界的權威，例如上帝或萬有的主宰者。

3 請留意自己的體驗所發生的變化。

練習 79 藉由攻擊對方來保護自己

在羞愧和憤怒的惡性循環裡，存在著以下兩種動力學：

1 容易激動及暴怒，都是我們逃避羞愧的可能反應。因為我們只要處於攻擊狀態，便可以嚇阻別人，別人就不會過於靠近，進而侵犯我們的自我空間。不過，我們如果以攻擊來濫用自身的力量，就會傷害別人，事後也會因為愧對別人而感到自責。於是，羞愧和憤怒的交互作用所構成的惡性循環，便沒完沒了地延續下去。

2 或者，我們會為了避免羞愧而壓抑自身的憤怒。憤怒的情緒往往讓某些人陷入嚴重的愧疚感，所以他們寧可相信自己從不會生氣，或根本不可能生氣，但卻忽略了下面這個事實：壓抑自己的憤怒其實是種攻擊自我的行為。

第一種情況的羞愧者因為無從了解自身憤怒的緣由，而讓自己出現攻擊別人的行為。第二種情況的羞愧者會刻意壓抑自身的憤怒，但他們的憤怒通常很難消解，因此他們會透過禁止、處罰或輕蔑的言詞來攻擊別人。他們雖然可以經由這種方式間接發洩自己的憤怒，卻沒有機會直面與處理自身對憤怒情緒的羞愧，因而讓這種羞愧一代又一代地傳遞下去。

大部分的人都會利用這兩種動力學來避免羞愧，不過我們如果要走出羞愧的困境，就必須深入了解自身的憤怒，這種正面的做法也會讓我們的人生變輕鬆。

你是否很容易激動？會迅速出現憤怒的反應？如果是的話，請用書寫的方式回答下列問題：

- 我想要保護什麼？
- 我想用憤怒來遮掩什麼？
- 我想透過攻擊別人，來轉移自己在哪方面的注意力？
- 我的憤怒產生了什麼效應？
- 我真正想要的是什麼？

案例

H先生在回憶起某個早年的創傷時，便整個人躺在地板上蜷縮著。當我請他試著察覺自己的內在衝動時，他的身體便以不尋常的方式更進一步蜷縮起來。由於他的動作看起來，像是因為曾被自己制止的防衛性衝動所造成，於是我便問他，已經成年的他在面對那個早年的創傷時，會說什麼來進行自我防衛？他回答：「滾開！」當下我便建議他，在說「滾開！」時，不妨也搭配做個手勢。

後來，H先生便逐漸為自己打造出穩固的自我空間，換句話說，他運用先前他用來蜷縮身體（基於長期羞愧）的那股力量，成功建立了人我之間的那道界限。

練習80 我和憤怒處於何種關係？

如果你對自己的攻擊性感到陌生或害怕，如果你想擺脫自身的攻擊行為，以下的練習可能會對你有幫助。

請你在接下來這四天裡，每天花十五分鐘寫下自己的攻擊行為，然後依序回答下列問題，並根據你的答案再繼續進行下一個問題。

- 我和憤怒處於何種關係？
- 當我對別人發怒時，心裡會有什麼感覺？
- 如果我可以發怒，而且不會有人知道我在生氣，那麼，我會對誰發怒？又是為什麼而發怒？
- 我的攻擊行為曾對我的童年產生什麼影響？
- 當我發怒時，我的父母如何對待我？
- 我的父母如何處理他們自己的憤怒？
- 當我發怒時，我對自己有什麼感覺？
- 我會用什麼方式壓抑自己的怒氣？

當你提筆回答時，請不斷留意內心所發生的變化，並把這些變化一併寫在紙上，連最細微的改變也不要放過。

練習 81 讓別人知道我在生他的氣會如何？

你只要把這個練習當作是場自我探索，無須再要求自己執行或實踐某件事，又或將這件事融入日常生活裡。

1 請你回想從前曾被惹惱，卻只能硬生生把怒火壓下，而沒有表現出來的情況。

2 請你給自己片刻的時間，讓自己慢慢回想這個回憶在你內心所引發的種種感受。

3 「假若我當時對他說，他所說的話或表現的行為讓我很生氣時，會出現什麼情況？我希望他會做出什麼回應？什麼是當時可能出現的最壞情況？」請你藉由回答這個問題，探究自己對那位冒犯者的反應所抱持的預期。

4 請生動而具體地描述你認為可能出現的情況。

5 你認為自己的預期會多準確？

6 當發生的情況和你的預期恰恰相反時，你會怎麼樣？

7 請留意你出現了哪些不同的感覺，並將它們記錄下來。

練習 82 假設我的憤怒是隻動物

為了讓自己更熟悉憤怒的情緒，我們不妨探索它的動物性面向，從中也可以獲得不少樂趣呢！

1 請你回想自己曾大發脾氣的時刻。當你注意到，這個不愉快的回憶讓你的身體出現某些變化時，請你繼續探索自己還發生了哪些轉變？在胸部、肩膀、雙臂、雙手和咽喉這些部位，我們特別能觀察到憤怒所產生的作用。憤怒讓身體出現什麼樣的姿勢？你的臉部發生了什麼變化？你想用雙手做什麼動作？

2 當你已察覺到這些感受時，請問自己：如果我的憤怒是隻動物，那會是哪一種動物？讓答案自動浮現在腦海裡，並鎖定最先出現的動物，不論是哪種動物都可以，包括：熊、老鷹、大老鼠……

3 請你觀想自己進入這隻動物體內，並讓自己領會到，這隻動物就是你的憤怒。接下來，你會發生什麼改變？

4. 現在請你察覺：這隻動物讓你十分認同的攻擊性特質是什麼？
5. 如果你可以馬上運用這隻動物的攻擊性特質，你會是什麼情況？你的人生會因此而發生什麼改變？
6. 你可以再進一步探問：這隻動物想要什麼？牠出現了什麼樣的內在衝動？誰會是牠攻擊的對象？
7. 當你對這些問題已經有明確的答案後，請以貼切的言詞形容這隻動物的內在衝動。假設牠可以開口說話，你認為牠會說些什麼？請代替牠說一句話做出總結。
8. 在這個練習的最後，你可以把牠的圖像——你可以為牠畫一張圖，或找出這種動物的照片——擺放在自己的生活空間裡，這麼一來，你每天都會被提醒，而記起牠的存在。

處理憤怒並不是件容易的事。我之所以這麼說，就是希望你們不要因為難以處理自己的憤怒而感到自責或愧疚。憤怒會讓我們非常焦慮不安；在我們發怒的同時，也處於能量高漲的狀態。由於憤怒和許多羞愧課題息息相關，因此，我們的心理便發展出許多不讓自己發怒的策略。

結論

幫助你和他人，找到不再羞愧的自己

培養羞愧復原力的六大祕訣

「你們應該要有羞恥心！」我們會拿這句話指責欺壓別人的人、政客，以及美國軍火遊說團體等。然而，羞愧不僅不是問題的解決之道，還是問題之所在，因為羞愧會衍生出暴力、攻擊行為、自我傷害與侵犯他人等問題。

在我們剛出生的那幾年，羞愧負有重要的生命任務，嬰兒和幼童都需要透過它來取得生活的方向感。它同時也是維繫母子關係的重要環節，而且還大大地影響兒童自我圖像的發展。

當羞愧長期存在時，它便成為一個人的枷鎖。幼兒的羞愧情緒是種渴望與母親連結的呼喚，也會讓細心的母親有所回應。不過，成年人的羞愧卻無法獲得別人的關愛。我們長大成人後，只要還渴望能與他人產生連結，就會依賴別人，而受到對方的操控。這不只讓我們陷於高度的生存風險裡，也讓我們無法得到所期盼的東西——也就是獲得別人穩固的支持，與真正的接受。

長期存在的慣性羞愧和過去的經驗有密切的關係，它會讓人遠離當下，穿越時光隧道，回到從前那個孤立無助、無能為力、任憑別人好惡擺布的時期。已成年的我們不應該讓自己停留在羞愧狀態，而必須學會了解和主動滿足自己的種種需求。

長期身處羞愧與自卑中，對任何人都毫無助益，我們如果想要避免這種情況，就應該充分發展以下這幾種能力：

一、建立自我界限的能力。

孩子剛出生時，還未建立自我界限，而且自我界限也會阻礙幼兒自身的發展。之後，孩子才會逐漸建立起那道受到主要關係人保護和重視的自我界限。

如果我們無法建立健康的自我界限，就無法察覺別人的自我界限，這麼一來，我們可能在不自覺的情況下，侵擾別人的自我空間，或因為不知如何拿捏人我界限，而不敢接近我們想要接近的人。當我們的自我界限被侵犯，或對人我界限沒有把握時，就會出現攻擊性、暴力行為或自我退縮。意識到自我界限並維護它的存在，才是人生得以擺脫羞愧的關鍵。

二、同理他人的能力。

同理心就是藉由換位思考，將自己放在他人的位置，並正確預期自己的言語或行為會帶給他人什麼感受的心理能力。我們如果缺乏同理他人的能力，就無法察覺自己的言行是否會讓別人感到羞愧或受到傷害。

同理他人的能力可以經由學習而獲得，第一步就是發展對自己的同理心。

三、自我調整的能力。

如果我們可以在不使用化學藥物的情況下，（透過他人的幫助就能）調節本身的神經系統，我們的羞愧就會失去主要的存在基礎。當我們擺脫長期的慣性羞愧而恢復自身的行動力時，便可以坦然自在地過生活，冷靜沉著地面對逆境，迅速整合衝動情緒和不愉快的經歷，並有自覺地做出恰當的反應。

四、意識到「每個人都有價值」的能力。

每一個人，不論其性別、膚色、國籍或宗教信仰，都是有價值的個體，只可惜我們不會主動意識到這一點。因此，我們必須刻意讓自己意識到「每個人都有存在的價值」，讓自己牢牢記住這點，並在生活中實踐這個理念。

五、創造歸屬感的能力。

剛出生的那幾年，我們會依賴別人所帶給我們的歸屬感，而（得以）感受到自己有所歸屬。然而在成年後，如果我們還向外尋找自己的歸屬，就會終生受制於別人的好惡和情緒起伏。所以，我們必須學習為自己創造歸屬感，而不是努力想從別人那裡獲得。

六、積極主動的能力。

我們會因為愧疚、自卑、罪惡感等情緒而壓抑自身的生命能量。要避免這些負面情緒的最有效的方法，就是讓自己處於積極主動的活躍狀態——也就是要察覺內心的熱情，並且保持活力充沛。你可以在世界各地所發生的群眾運動裡，看到人們因活躍的生命力所發揮的作用：

- 自古以來，婦女始終屈居弱勢，受到壓制、虐待或強暴。她們配合並適應他人，忍受別人惡劣的對待，卻無從改善自身的處境。這幾十年來，世界各地有許多婦女已不再忍受壓迫，紛紛走上街頭表達她們的抗議和訴求。請參考網站：www.onebillionrising.de
- 從前美國校園槍擊事件所造成的死亡人數逐年增加，學生只能忍受學習環境所潛藏的高度危險性。自從二〇一八年一月，佛羅里達州發生校園大屠殺後，該州青少年便發起「為我們的生命遊行」（March for Our Lives）這場反槍枝運動，而且在很短的時間內，即獲得美國各地熱烈的響應。請參考網站：https://marchforourlives.com
- 從前，不同的性傾向和性別認同的人，即所謂的女同志、男同志、雙性戀、跨性別和雙性人（LGBTI），會受到迫害和處罰。他們從一九七〇年代起，每年都在世界各國發起抗議活動，因此在最近這二十年裡，他們已透過不斷的抗爭與努力——至少是在許多歐洲國家，為自己爭取到不少的權利。

全世界已是這樣的趨勢，個人亦是如此。所以，你可以選擇讓自己屈服於（自己所察覺到的）要求和禁忌，或挺身維護自己的權利、樂趣、生活品質，以及自我表達的空間。以勇往直前取代愧疚自卑，以積極爭取取代自我封閉，以展現自我取代隱藏自己，並且坦然面對自己，而非壓抑自我，這才算是零羞愧的生活！

請保護你的孩子（對伴侶也適用）

我在本書裡經常談到，我們如何使自己或使別人感到羞愧，以及羞愧對我們所造成的巨大傷害，尤其在我們剛出生的那幾年。許多父母會問：羞愧的起因究竟是什麼？如何才能免除羞愧？以下是我針對身為父母的你，應該如何對待孩子時所列出的一些要點。這份小型清單雖然稱不上完整，卻有助於父母改善自身的行為方式：

- 孩子絕不該為自己的出生負責！他們的生命都源於父母的決定或失誤，因此，父母不該拿孩子的存在來數落他們。
- 孩子除了飲食、生活照顧以及獲得大人的回應以外，還希望父母會覺得擁有他們是件很幸福的事，而且自己的存在對家庭是有益的。
- 避免給孩子貼標籤。孩子既不是「很棒」，也不是「很笨」，既不是「乖巧的好孩子」，也不是「說謊的壞孩子」。孩子就是他們自己，孩子需要父母接受他們真實的自我，接受他們所有的面向。
- 孩子會因為父母的衝突而受苦。父母為了孩子而壓抑自身對婚姻的不滿，其實跟當著孩子的面爭吵一樣，都無助於孩子的心理健康。夫妻之間如果存在著無法解決的問題，就應該接受婚姻諮商的專業協助。
- 孩子沒有延續或提升家族聲望的責任。
- 當你的孩子受到霸凌時，千萬不要覺得無所謂而讓他獨自面對。如果你無法幫他解決問題，就應該向學校反映，請校方介入處理。
- 孩子不該成為父母滿足自身虛榮心的工具。孩子不是要成為未來某項賽事紀錄的保持者，他們並不需要象徵卓越與榮譽的獎盃，而是需要愛，需要保有對世界的好奇心。

- 當孩子損壞某件東西時，請指責他的行為，而不要指責他這個人。請確認自己已經了解這兩種做法的差異。
- 請你相信孩子的能力，而不要替他們承擔一切。「當你需要幫助時，我就在這裡！」你只需要透過自己的態度向孩子傳達這個信息即可。如果你不確定孩子的情況，也可以主動詢問：「你需要幫忙嗎？」
- 比起其他許多國家的父母，德國父母會在孩子更小的年紀就要求他們獨立自主。因此我在這裡要提醒你，不要強迫孩子，而是讓孩子自行決定，什麼時候要自己單獨睡覺，或不想再坐在你的大腿上。
- 父母不可能對孩子一直很有耐心，一直同理和關注他們。其實就孩子身心的健全發展而言，對於孩子的要求，父母只要回應其中的百分之三十就夠了。你可以向孩子解釋自己的情況，向他們道歉，並學習透過這種方式來彌補自己對孩子的疏忽。
- 如果你有錯，請對孩子坦承。孩子雖然需要父母，卻不需要完美的父母。向孩子坦承自己的過錯，就是給孩子最好的示範。

- 請不要羞辱你的孩子。孩子並不想讓父母生氣，但許多父母卻因為孩子不符合他們的期待而氣惱不已。請留意這兩種情況的差異。
- 父母在表達自己的感覺時，不該帶有某種解釋。「我覺得你在耍我！」父母說這句話，並不是在表達自己的感覺，而是把困擾自己的負面情緒轉移到孩子身上。因此，請你察覺自己真正的感受，並改變對孩子說話的方式：例如，「我累了！我真的需要休息一下！」
- 請你向孩子坦承，自己在面露不悅的時候，其實是孤獨無助的。畢竟只有孩子知道，該怎麼做才對父母真正有幫助。
- 千萬不要強迫你的孩子和你有身體接觸。他們的自我界限必須被尊重、被接受。只有他們自己才能決定誰可以接近他們，而誰不可以。
- 請不要在孩子面前說別人的壞話，你對他人的閒言閒語會影響孩子對你的信任感。
- 「你不需要覺得丟臉！」你這麼告訴孩子，雖然是出於你對孩子的關心和體諒，但這句話也傳達了這個信息：「你的感覺是錯的！」當孩子感到自卑、難為情時，其實你應該問他：「為什麼你認為自己必須覺得不好意思呢？」這句話看似簡單，卻可以讓你的孩子轉而反思自己的觀點，而你也可以藉由這個問句來表示你關注他，並認真看待他的感覺。

本節的標題也可以改為「請保護（你的）伴侶」，因為以上這些關於父母如何與孩子互動的建議，大部分也適用於伴侶之間的互動。

謝辭

如果沒有以下這些人士的協助，這本書是不可能完成的！

米夏爾（Michael），謝謝你這幾個月來，替我完成我已無力再處理的一切。我曾有好幾次打算就此停筆，謝謝你鼓勵我，相信我可以完成這本著作。

卡琳（Karin），感謝妳為了讓本書的內容敘述更有條理，而強烈質疑我的行文思路，並重新調整我的遣詞用句。這確實花了妳不少時間和心血！

我也相當感激審稿人蓋哈德・普拉赫塔（Gerhard Plachta）和米莉侃・厄姿丹（Mihrican Özdem）不吝對本書提出建設性的批評，以及對於如何處理某些內容的堅持。

此外，我也要向科瑟爾出版社（Kösel-Verlag）全體工作人員致上由衷的謝忱，正是他們的努力和付出，我的構思和想法才有機會變成這本書。

在這裡，我還要特地向我所有的老師表達我內心的感激，尤其是羅倫斯・海勒（Lawrence Heller）在「愧疚和羞慚」這個主題對我的指導。

最後，我要鄭重地感謝我所有的案主這幾年來對我的信任，並在接受心理治療期間，願意讓我看到他們通常基於自我保護，而寧可對外人隱藏的創傷和羞愧。

心理練習總整理

第一章　被羞愧淹沒的內在小孩

練習1：羞愧發揮作用的方式

第二章　當你身陷羞愧的情緒黑洞

練習2：覺察羞愧

練習3：對自我批判有所保留

練習4：活出自己的夢想

練習5：我如何讓自己和別人感到羞愧？

練習6：我從暴力中學到什麼？

練習7：我的尊嚴不容侵犯！

練習8：接受他人安慰所帶給我的影響
練習9：羞愧如何讓我受益？
練習10：讓自己停留在此時此地
練習11：羞愧與尊嚴（第一部分）
練習12：我造成哪些羞愧的惡性循環？
練習13：為什麼我會覺得自己很糟？
練習14：羞愧與尊嚴（第二部分）
練習15：自我調節

第四章　逃避羞愧、自我保護的生存之道

練習16：我如何逃避羞愧？
練習17：羞愧與尊嚴（第三部分）

第五章　伴侶關係裡的羞愧，讓彼此漸行漸遠

練習18：調整自己的態度

練習19：我在嫉妒什麼？
練習20：我為何會覺得羞愧？
練習21：我的生殖器官是完好無損的、是聖潔的

第六章　擺脫羞愧的心理練習

練習22：探索自己對於羞愧的抗拒
練習23：學習保有矛盾心理
練習24：探索自己的羞愧課題
練習25：我可以擁有自己的需求
練習26：照顧自己
練習27：溫柔地看著自己
練習28：與自己的羞愧交談
練習29：透過區別，去除既有的身分標籤
練習30：用溫柔的眼睛看待自己
練習31：觀察自己的道歉或不道歉

練習32：意識到自己的過錯

練習33：稱讚自己的進步

練習34：能讓自己獲得幫助的人際網絡

練習35：如果事實與你所想的相反呢？

練習36：認同自己的性別，以真實的面貌存在為榮

練習37：建立自我界限

練習38：我可以喊「停」

練習39：在心裡拉開與別人的距離

練習40：接受自己的怨恨

練習41：甩開負面的想法

練習42：累積正面的經驗

練習43：面對自己的無助

練習44：向別人求助

練習45：允許自己表現脆弱的一面

練習46：自我的各個面向
練習47：我可以依偎在某人身邊
練習48：探索自己為何避免與別人親近
練習49：其實我這個人還不錯！
練習50：跟自己的內心批判者對談
練習51：望向未來
練習52：封閉自己和敞開自己
練習53：找回曾被羞愧阻絕的一切
練習54：開發自己的力量
練習55：接受自己的強大
練習56：為自己的存在感到欣喜
練習57：當我活在「愛」裡
練習58：如果我能更有同理心……
練習59：如果我現在什麼都不做，會怎麼樣呢？

練習60：肚臍是人體的中心
練習61：透過臍輪與別人產生連結
練習62：體驗對別人說「不」的感覺
練習63：我從不說「不」！
練習64：當我說「不」時，會有什麼後果？
練習65：讓自己獲得支持
練習66：探索自己追求完美的傾向
練習67：即使犯錯，我仍會被愛
練習68：即使犯錯，我仍愛自己
練習69：我的三個正向經驗
練習70：意識到自己的優點
練習71：邀請羞愧同行
練習72：為了討好別人所做的事
練習73：當我相信自己可以討人喜歡時……

練習74：我如何傷害自己？
練習75：自我同理的運用
練習76：我如何自我忽視？
練習77：我可以得到別人的支持和協助
練習78：學習信任
練習79：藉由攻擊對方來保護自己
練習80：我和憤怒處於何種關係？
練習81：讓別人知道我在生他的氣會如何？
練習82：假設我的憤怒是隻動物

WHO, World Health Organisation. *Weltbericht Gewalt und Gesundheit. Zusammenfassung.* Herausgegeben von der WHO. 2002. Abgerufen von http://www.who.int/violence_injury_prevention/violence/world_report/en/summary_ge.pdf (Zugriff am 13.10.2018).

Nathanson, Donald: *A Monologue on Shame.* In: Pocaterra, Annibale: *Due Dialogi della Vergogna.* Ferrara, 1592, hrsg. von Werner Gundersheimer & Donald Nathanson. Gottingen 2013.

Ostrofsky, Richard: *Affect Theory, Shame and the Logic of Personality.* 2003. Abgerufen von http://www.secthoughts.com/Misc%20Essays/Shame%20and%20Personality.pdf (Zugriff am 13.10.2018).

Pennebaker, James: *The Secret Life of Pronouns. What our Words Say About Us.* New York 2011.

Pocaterra, Annibale: *Due Dialogi della Vergogna.* Ferrara, 1592, hrsg. von Werner Gundersheimer & Donald Nathanson. Gottingen 2013.

Porges, Stephen: NICABM-Interview in der Serie 》Next Level Practioner《 zum Thema Scham. 37. Woche, 1. Tag, 2016. Zu beziehen uber https://nextlevelpractitioner.nicabm.co.

Schore, Allan N.: *Early Shame Experiences and Infant Brain Development.* In: Gilbert, P. & Andrews, B.: Shame. Interpersonal Behavior, Psychopathology and Culture. Oxford/UK 1998 Schwartz, Jeffrey M. & Begley, Sharon: *The Mind and the Brain.*New York 2002.

Sedgwick, Eve Kosofsky; Frank, Adam: *Shame and its Sisters.*Durham, London, 1995.

Tronick, E. Z.: Emotions and emotional communication in infants. In: American Psychologist, 44(2), p. 112-119, 1989.

Waldinger, Robert: *What makes a Good Live? Lessons from the Longest Study on Happiness.* Vortrag. Video. Abgerufen von https://www.ted.com/talks/robert_waldinger_what_makes_a_good_life_lessons_from_the_longest_study_on_happiness (Zugriff am 13.10.2018).

Weller, Francis: *The Wild Edge of Sorrow: Rituals of Renewal and the Scared Work of Grief.* Berkeley, CA, 2015.

Kelley, William: *Finding the self? An event-related fMRI study*. 2002. Abgerufen von https://www.ncbi.nlm.nih.gov/pubmed/ 12167262, (Zugriff am 13.10.2018).

Kienzl, Philipp: *Wenn Einsamkeit tötet. Isolation und Einsamkeit* Literatur 219 *sind ein immer höher werdendes Gesundheitsrisiko. Höher noch als Übergewicht.* Abgerufen von https://ze.tt/wenn-einsam keit-toetet/ vom 7. August 2017 (Zugriff am 13.10.2018).

Koopman, Frieda A.; Chavan, Sangeeta S.; Miljko, Sanda, Grazio, Simeon; Sokolovic, Sekib; Schuurman, P. Richard; Mehta, Ashesh D.; Levine, Yaakov A.; Faltys, Michael; Zitnik, Ralph; Tracey, Kevin J. & Tak, Paul P.: *Vagus nerve stimulation inhibits cytokine production and attenuates disease severity in rheumatoid arthritis.* 2016. Abgerufen von http://www.pnas.org/content/early/2016/06/30/1605635113 (Zugriff am 13.10.2018).

Lewis, Thomas; Amini, Fari; Lannon, Richard: A General History of Love. New York 2000.

Louis, Edouard: *Das Ende von Eddy.* Frankfurt 2015.

Marquardt, Andreas: *Sexueller Missbrauch durch Frauen. Verkehrte Lust.* In: Spiegel Online, 2011: Aufgerufen von http://www.spiegel.de/panorama/gesellschaft/sexueller-missbrauch-durchfrauen-verkehrte-lust-a-788332.html (Zugriff am 13.10.2018).

Martinez, Mario; Northrup, Christiane: *The Mindbody Code:How to Change the Beliefs That Limit Your Health, Longevity,and Success.* Boulder/USA 2016.

Marx, Wolfgang: *Der T-Effekt.* In: Psychologie Heute, 1981, Heft 12, S. 52–55 Aufgerufen von www.spiegel.de/spiegel/print/d-14024167.html (Zugriff am 13.10.2018). Mate, Gabor: *When the Body Says No. Exploring the Stress-Disease Connection.* New Jersey/USA 2003.

Brown, Brene: *Listening to Shame.* Abgerufen von TedTalk: https://www.ted.com/talks/brene_brown_listening_to_shame? (Zugriff am 13.10.2018).

Coan, James A.; Sbarra, David A.: *Social Baseline Theory: The Social Regulation of Risk and Effort.* US National Library of Medicine, Februar 2015. Abgerufen von https://www.ncbi.nlm.nih.gov/pubmed/25825706 (Zugriff am 13.10.2018).

Cohen, Bonnie Bainbridge: *An Introduction to Body-Mind Centering.* Artikel. PDF zu beziehen uber www.bodymindcentering.com (Startseite).

Dana, Deb: *Die Polyvagal-Theorie in der Therapie. Den Rhythmus der Regulation nutzen.* Lichtenau 2018.

Darwin, Charles: *The Expression of the Emotions in Man and Animals.* London 1872.

De Waal, Frans: *Der Mensch, der Bonobo und die Zehn Gebote:Moral ist älter als Religion.* Munchen 2015.

Dube, Shanta R.; Fairweather, DeLisa; Pearson, William S.; Felitti, Vincent J.; Anda, Robert F.; Croft, Janet B.: *Cumulative Childhood Stress and Autoimmune Diseases in Adults.* In: Psychosomatic Medicine, 2009. Abgerufen von www.nihms-341921.pdf (Zugriff am 13.10.2018).

Eribon, Didier: *Rückkehr nach Reims.* Berlin 2016.

Fessler, Daniel: *Shame in Two Cultures: Implications for Evolutionary Approaches.* In: Journal of Cognition and Culture, Volume 4, Issue 2, S. 207–262, 2004. Freitag, Tabea: *Pornotopia – Zaubertrunk aus dem Netz? Warum Pornos süchtig machen und was wir präventiv tun können.* Abgerufen von https://www.gruenerkreis.at/sites/default/files/up loads/magazin/attachements/magazin-ausgabe-103.pdf, S. 24 (Zugriff am 13.10.2018).

Heller, Laurence; LaPierre, Aline: *Entwicklungstrauma heilen.* Munchen 2015

Jacobs Hendel, Hilary: *It's Not Always Depression, Sometimes It's Shame.* In: Psych Central, 2016. Abgerufen von https://pro.psychcentral.com/its-not-always-depression-sometimesits-shame/ (Zugriff am 13.10.2018).

參考書目

Al-Mosaiwi, Mohammed: *People with Depression use Language Differently – Here's How to Spot it.* In: The Conversation vom 2. Februar 2018. Abgerufen von http://theconversation.com/people-with-depression-use-language-differently-heres-howto-spot-it-90877 (Zugriff am 13.10.2018).

Bahnsen, Ulrich: *Doktor Seltsam.* In: ZEIT Online, Nr. 33, 10. August 2017, S. 31. Abgerufen von https://www.zeit.de/2017/33/krankheiten-heilung-erbanlagen-therapie-hiv (Zugriff am 13.10.2018).

Baldwin, James: *Aufzeichnungen eines Eingeborenen.* In: Schwarz und Weis oder Was es heist, ein Amerikaner zu sein. Aus dem Englischen von Leonarda Gescher-Ringelnatz. Reinbek 1963.

Bastian, Till: *Scham und Schaulust, Macht und Ohnmacht ...* Vortrag im Rahmen der 57. Lindauer Psychotherapiewochen 2007. Abgerufen von www.lptw.de (Zugriff am 13.10.2018).

Bauer, Joachim: *Das Selbst, seine Verbindung zum Du und seine Rolle als »Innerer Arzt« – eine neurowissenschaftliche Perspektive.* Vortrag im Rahmen der 2. Europaischen Konferenz uber Somatic Experiencing in Potsdam, 14.–17. Juni 2018.

Bentzen, Marianne: SE – Das Universelle und Einzigartige. Vortrag im Rahmen der 2. Europaischen Konferenz uber Somatic Experiencing in Potsdam, 14.–17. Juni 2018.

Bradshaw, John: *Healing the Shame that Binds you.* Florida/USA 2005.

CFH0412
給覺得不夠好而討厭自己的你：
擺脫羞愧，卸下防衛，停止自我懲罰的82個練習

作　　者—史蒂芬・康拉德・尼德維塞爾
譯　　者—莊仲黎
主　　編—郭香君
執行企劃—張瑋之
封面、內頁版型設計—江孟達工作室

編輯總監—蘇清霖
董 事 長—趙政岷
出 版 者—時報文化出版企業股份有限公司
108019台北市和平西路三段二四〇號一至七樓
發行專線—（〇二）二三〇六—六八四二
讀者服務專線—〇八〇〇—二三一—七〇五
（〇二）二三〇四—七一〇三
讀者服務傳真—（〇二）二三〇四—六八五八
郵撥—一九三四四七二四時報文化出版公司
信箱—10899台北華江橋郵局第九十九信箱

時報悅讀網—https://www.readingtimes.com.tw
綠活線臉書—https://www.facebook.com/readingtimesgreenlife
法律顧問—理律法律事務所　陳長文律師、李念祖律師
印　　刷—盈昌印刷有限公司
初版一刷—二〇二一年三月十九日
定　　價—新台幣四五〇元

時報文化出版公司成立於一九七五年，
並於一九九九年股票上櫃公開發行，於二〇〇八年脫離中時集團非屬旺中，
以「尊重智慧與創意的文化事業」為信念。

給覺得不夠好而討厭自己的你：擺脫羞愧，卸下防衛，停止自我懲罰的82個練習/史蒂芬・康拉德・尼德維塞爾(Stephan Konrad Niederwieser)著；莊仲黎譯 – 初版. -- 臺北市 : 時報文化，2021.03
面；　公分
譯自：Nie mehr schämen Wie wir uns von lähmenden Gefühlen befreien
ISBN 978-957-13-8674-4 (平裝)
1.情緒管理　2.生活指導
176.52　　110002358

Original title：Nie mehr schämen by Stephan Konrad

ISBN 978-957-13-8674-4
Printed in Taiwan